eビジネス新書

No.419

週刊東洋経済

東証沈没

週刊東洋経済 eビジネス新書 No.419

東証 沈没

本書は、東洋経済新報社刊『週刊東洋経済』2022年4月9日号より抜粋、加筆修正のうえ制作しています。情報は底本編集当時のものです。（標準読了時間 90分）

東証　沈没　目次

・これでいいのか日本株……1
・〔プロローグ〕東証改革　骨抜きの実相……3
・INTERVIEW「〝裏口入学〟が玉石混淆を招いた」（清田　瞭）……14
・基準未達でもプライムに上場できる不思議……19
・増殖するプライム落第企業……25
・「適合計画書」提出551社を徹底分析……32
・親子上場続ける困った面々……47
・【独自試算】流通株式時価総額で上場廃止懸念のある企業……63
・ここがダメだよ東証改革……69
・INTERVIEW「市場再編はスピード不足　株主の権利を軽視するな」（松本　大）……72
・INTERVIEW「上場企業数が多いほど儲かる構造に原因」（三瓶裕喜）……76

・INTERVIEW 「取締役に株主の利益最大化を誓約させよ」(丸木 強)……79
・INTERVIEW 「制度設計の速度を上げより柔軟に変えていけ」(氏家純一)……81
・JPXの企業統治は課題山積……85
・上場前から粉飾 「廃止」ためらう東証……95
・東証 失敗と妥協の20年……100
・〔エピローグ〕見放される東証……105

これでいいのか日本株

「1部上場社数が多すぎる」「ジャスダックの位置づけが曖昧」「ベンチャー向け市場が乱立しすぎ」――。

くすぶる投資家の不満を背に、東京証券取引所が重い腰を上げてから足かけ5年。プライム、スタンダード、グロースの新市場区分がようやく始動した。マザーズ創設から23年、2部の創設から約60年ぶりという歴史的な市場区分変更だ。

東証にしてみれば乾坤一擲（けんこんいってき）の大改革。だが、投資家などから聞こえてくるのは「玉石混淆」「骨抜き」といった悪評ばかりだ。

プライムは、世界に通用するピカピカの企業が集まる市場になるはずだった。が、「1部」のブランドに固執する政財界の反発に押されて基準を緩くし、クリアできなくても当面は経過措置によって大目に見ることに。そのため成長の見込めないゾンビ企業が、プライムに滞留する羽目に陥った。

さらに、海外投資家に不評の親子上場は放置されたまま。上場前からの粉飾決算への処分は、ますます手ぬるくなっている。

上場企業の時価総額合計で、世界首位に躍り出たのも今は昔。足元では私設取引システムの台頭も著しい。このままでは、東証が見放される日もそう遠くはない。

〔プロローグ〕玉石混淆は解消ならず

東証改革　骨抜きの実相

「優秀な若者が地元で就職するとしたら、県庁、銀行、1部上場と相場が決まっているわけ。その1部上場企業がもし〝降格〟になったときの影響は、君たちが考えているよりもはるかに大きいからね。よろしく頼むよ」

東京・永田町にある自由民主党本部。同6階の会議室での会合後、国会議員の一人に呼び止められた金融庁幹部は、そう言われて腰をポンとたたかれた。

この幹部にとっては担当外の話だったため、「なぜ自分に」と思ったが、議員が言わんとしていることはすぐにわかった。当時まさに、金融庁の審議会で議論していた案件だったからだ。

その案件とは、東京証券取引所の市場構造改革について。東証1部、2部、マザーズ、ジャスダックという4つの市場区分を再編・統合し、海外の市場と比べ大きく見劣りする現状を打破しようとするものだった。

ただ、結果として東証の市場改革は「骨抜き」や「看板の掛け替え」といった猛烈な批判を投資家から浴びることになってしまう。

なぜなら、市場再編後の最上位区分となったプライム市場に、1部上場企業の84％に当たる約1842社が、そのまま横滑りする格好になったからだ。

そもそも東証1部をめぐっては、かねて玉石混淆という批判が渦巻いている。時価総額が30兆円を超える企業から、10億円台の企業までが入り乱れ、規模やガバナンス（統治）の程度があまりにも懸け離れている状態だからだ。

その状況で改革議論の出発点にあったのは、上場をゴールとせず、持続的な企業価値向上に向けてどう動機づけを図り、その一環として最上位市場の構成企業をどう厳選していくか、ということだった。

にもかかわらず、なぜ東証改革はほぼ現状維持のような内容に終わってしまったのか。その要因は大きく2つに分けられる。

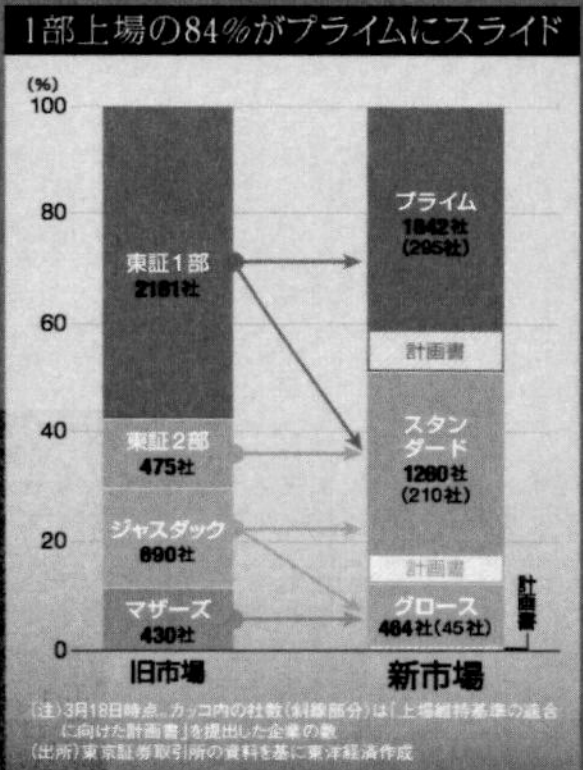
1部上場の84%がプライムにスライド
(%)
100
80
60
40
20
0
東証1部
2181社
東証2部
475社
ジャスダック
690社
マザーズ
430社
プライム
1842社
(295社)
計画書
スタンダード
1260社
(210社)
計画書
グロース
464社(45社)
計画書
旧市場
新市場
(注)3月18日時点。カッコ内の社数(斜線部分)は「上場維持基準の適合に向けた計画書」を提出した企業の数
(出所)東京証券取引所の資料を基に東洋経済作成

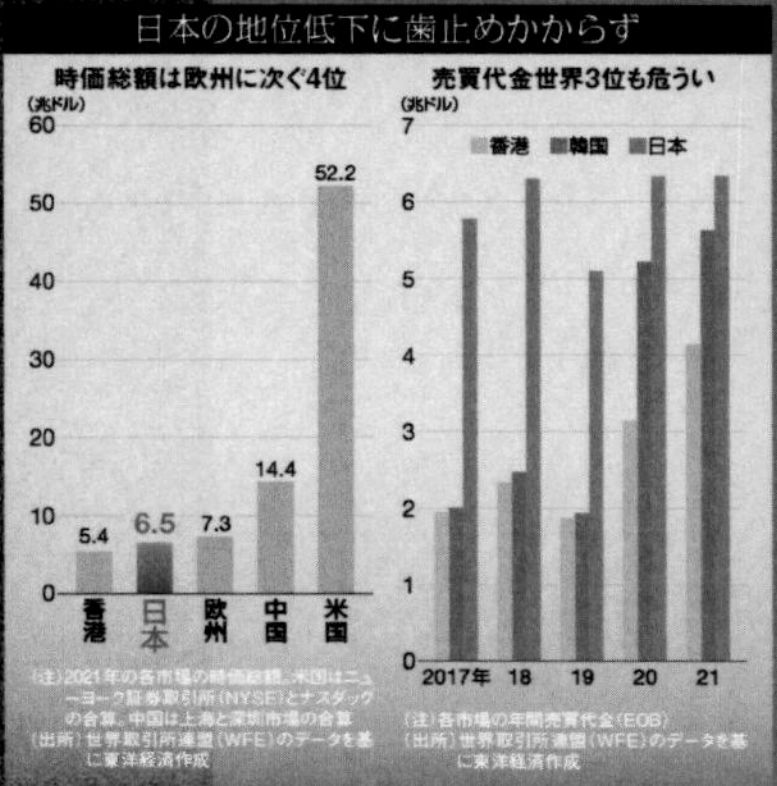
日本の地位低下に歯止めかからず
時価総額は欧州に次ぐ4位
(兆ドル)
60
50
40
30
20
10
0
5.4
6.5
7.3
14.4
52.2
香港
日本
欧州
中国
米国
(注)2021年の各市場の時価総額。米国はニューヨーク証券取引所(NYSE)とナスダックの合算。中国は上海と深圳市場の合算
(出所)世界取引所連盟(WFE)のデータを基に東洋経済作成
売買代金世界3位も危うい
(兆ドル)
7
6
5
4
3
2
1
0
香港
韓国
日本
2017年
18
19
20
21
(注)各市場の年間売買代金(EOB)
(出所)世界取引所連盟(WFE)のデータを基に東洋経済作成

結論ありきの市場再編

1つ目は、東証が改革議論の主導権を失ったことだ。

東証は2018年に有識者を集めた懇談会を設置し、市場構造改革に向けた議論を内部で始めている。その過程で最上位区分における具体的な時価総額の基準が、懇談会のメンバーから外部に漏洩する事態が起きてしまったのだ。

その情報を、われ先にと投資家に拡散した野村証券などに対しては、金融庁が行政処分を下す事態にまで発展。そのことで、改革議論は金融庁が「引き取ることになった」（金融庁幹部）という。それによって改革は一気に加速するかに思われたが、実態は違った。

金融審議会で議論を始めた19年5月以降、冒頭にあったような圧力を、与党議員たちが金融庁に折に触れてかけ始めたのだ。

中でも圧力が「強烈だったのは当時官房長官だった菅義偉さんであり、経済産業省出身の官邸官僚たち」（金融庁関係者）だったという。議員たちにとってみれば、一民間企業よりも日常的にやり取りする官庁のほうが、〝口利き〟しやすかったのだろう。

その圧力に金融庁があらがえるはずもなかった。当初、地方の企業が1部上場というブランドにこだわるのであれば、1部、2部を残したままで、その上位に優良企業を厳選した市場をつくる案もあったが、幻のごとくすぐに立ち消えになっている。

さらに、最上位市場の上場維持基準についても、時価総額で500億円という声が当初上がっていたが、審議会で大きな議論がないまま、いつのまにか流通株式の時価総額で100億円にまで緩められていたというのが実態だ。

ある大手金融機関の役員は、金融庁の幹部に上場基準を大きく緩めた理由を尋ねたことがある。「やっぱり最初から結論ありきですかと意地悪く問いかけたら、『想像にお任せします』と言って否定しなかった。お互い苦笑いするしかなかった」と話す。

東証から議論を丸投げされ、そのことで政治家たちから激しいプレッシャーを受ける中、金融庁として東証を本気で改革する気など、さらさらなかったようだ。

一方で、改革の芽が消えたわけではなかった。TOPIX（東証株価指数）の見直しという、もう1つの大きなテーマがあったからだ。TOPIXは東証1部の全企業で構成されており、市場区分と完全に一体だ。

そのＴＯＰＩＸを東証１部と切り離し、厳選した優良企業で構成していくという道が、そのときはまだ残されていたわけだ。

ＴＯＰＩＸに連動するインデックスファンドが人気を集める中、株取引の主役になっている海外マネーを今後さらに呼び込むには、市場区分の変更よりも、むしろＴＯＰＩＸの見直しこそが改革の本丸だった。

■ **日本株売買の主役は海外投資家**
―2市場(東京、名古屋)1・2部等の売買代金に占める各属性の売買の比率推移―

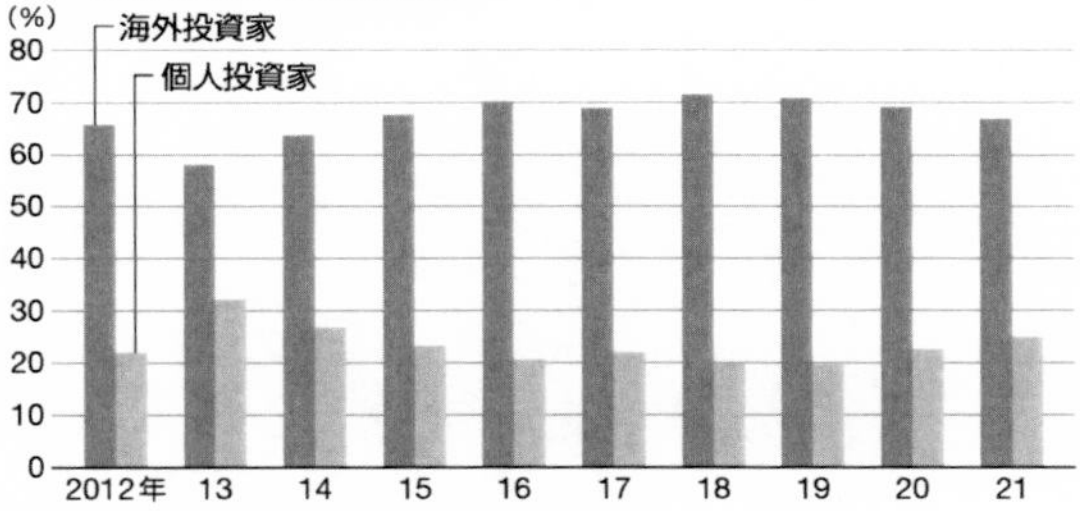

(出所)日本取引所グループの資料を基に東洋経済作成

東証の経営陣の中にも、TOPIX改革に熱い思いを寄せる役員が複数おり、中でも「熱心だったのが当時社長を務めていた宮原幸一郎さんだった」と東証の関係者は明かす。

しかしながら、TOPIX改革の先導役だった宮原氏は、2020年10月の大規模システム障害によって、経営から姿を消してしまう。

これが、改革が骨抜きになった2つ目の要因だ。

このとき東証にとって何よりもまずかったのが、障害時の初動対応だ。政府や金融庁に状況を逐一報告することをしないまま、株式売買を終日停止することを早々と決めてしまったのだ。

障害が発生した当日午前。定例の記者会見に臨んだ加藤勝信官房長官は、東証の終日取引停止について記者から問われると、その想定問答がないために「ええと、ちょっと、その情報は確認していないので」などと、しどろもどろの答弁となった。

そうして東証が政官との密なコミュニケーションを怠り、政府のナンバー2に恥をかかせたことの代償は大きかった。

宮原氏は最終的に引責辞任を迫られることになり、その2カ月後に発表したＴＯＰＩＸの見直し案は、改革とは程遠い内容になってしまったのだ。

問われるＪＰＸの覚悟

一方で、まったく別の見方もある。日本取引所グループ（ＪＰＸ）の関係者の一人は、改革が骨抜きになった要因について「ＪＰＸ経営陣の覚悟のなさ」を指摘する。確かに政府や金融庁の姿勢がどうであれ、改革の方針を最終的に決断するのは東証であり、その親会社のＪＰＸだ。

ＪＰＸの清田瞭ＣＥＯは、最上位となるプライム市場の上場維持基準について、「どの金額で切ったとしても、それぞれの立場で批判が出る。批判のない仕切り線（基準）はなかった」と、東洋経済のインタビューで語っている。

そこは清田氏の言うとおりかもしれないが、政官や経済界との利害調整の中で、大きな現状変更を伴わず、最も批判が少ない緩い基準にしたのは、紛れもない事実だ。

清田氏をはじめＪＰＸの経営陣が、「金融庁をうまく巻き込みながら、批判を受け止める盾になり、改革実現に向けて一点突破しようと思えばできたはずだ」（同ＪＰＸ関係者）という声は、市場関係者の間で根強くある。

そうして批判の集中砲火を浴びている東証が、反転攻勢に向けて実は今ある材料を仕込んでいる。

それは、上場廃止銘柄を売買できる市場の創設だ。中間区分のスタンダード市場で、上場廃止になった銘柄の取引を主に想定している。基準抵触で上場廃止となった際の影響を抑えるため、その受け皿となる市場を設けて、株主や投資家を救済するのが狙いだ。

他方で、そうしたある種のセーフティーネットが上場企業の甘えを生むおそれもある。今後の具体的な制度設計次第で、そうした批判の音量は変わってきそうだ。

さらに東証は、２０２２年から親子上場の実態調査も進めている。親子上場は、上場子会社の少数株主の保護といった難易度の高い課題を抱えている。東証は「２０年から研究会で議論してきた問題」と話すが、1年以上のブランクを置いて、なぜ今重い腰を上げたのかは判然としない。

親子上場しているある企業グループの幹部は、「子会社を上場させるときは、東証の上場推進部にかなり背中を押されましたけどね」と話しており、手のひらを返された印象を受けているようだ。

同実態調査は、東証改革が骨抜きになったことへの批判をかわす狙いにも映るが、そうした見方を払拭するような改革案が、今後示されることになるのだろうか。

（中村正毅、梅垣勇人）

「〝裏口入学〟が玉石混淆を招いた」

日本取引所グループ（ＪＰＸ）ＣＥＯ・清田　瞭

市場構造改革を通じて、東証はどう変わり、また変わっていくべきなのか。日本取引所グループの清田瞭ＣＥＯを直撃した。

――上場基準が甘いという指摘があります。

（流通時価総額が１００億円以上というプライムの上場基準について）批判が出ていることはもちろん知っている。どこで切ったとしても、それぞれの立場から声が上がるので、批判のない仕切り線（基準）というのはなかった。今回の市場構造改革というのは、どうすれば日本の市場が選ばれるようになるのか、という視点で定義し進めている。

　またこれまで、直接東証1部を目指す企業は250億円の時価総額が必要だったが、マザーズや東証2部を経由すれば40億円でも1部に上がれてしまっていた。これでは〝裏口入学〟を認めるようなものだ。合併前の東証が、大証のジャスダックとIPO（の数）を争うための動機不純な制度設計だったといえる。JPXの歴史上の間違いであり、結果として玉石混淆の状態を招いた。

　その一方で激変緩和策としてプライム上場の経過措置を置いたのは、ある日突然「問答無用で切られた」と株主や企業が感じてしまう懸念があったからだ。

――経過措置の期限は。

　2022年の後半に有識者会議などで議論することになる。今、金融庁とも相談してメンバーを決めているところだ。どこかで期限を切るということの妥当性も含めて、有識者会議でご検討いただくべき事項に挙がっている。

　そもそも経過措置の期間の決め方については、金融庁にも政府にもいろいろな形で検討してもらった。さらに、有識者会議で「東証1部にいる企業が希望すれば、計画書を出したうえで当面の間はプライムに残れるという制度を作るべきだ」という意見をもらい制度設計している。

議論の中では、期限を切るべきだという意見に対し、2年や3年以内となるとすべての企業に公平ではないという論点も出てきた。「当分の間」の定義は、新市場への移行後に大きな問題として残るということはわれわれもわかっていたが、現実にどういう計画書が出てくるか、見てから考えようという感じになった。

――再編後のプライムも玉石混淆のままなのでは。

1部、2部を残してその上にもう1つ市場をつくるという考え方も、有識者会議では議論してもらった。ただ、そうすると上位区分に上がる企業、上がらない企業でまた大騒ぎになる。

結局全体を再編したほうが、時間はかかるものの、望ましい市場構造に持ち込むには早道だという考えで、現状のプランに最終的に決まった。

――資本市場の課題は何でしょうか。

日本の資本市場を、先進国と比較して十分評価に堪えられる市場にしていきたい。そのためには上場企業の企業価値や魅力を高めることと、取引所の市場機能を強化していくことが必要だ。

アベノミクスが始まった2013年までは株価は経営者の通信簿だという意識が薄く、経営者のマインドが海外と比べて遅れていた。

東証1部なのに「日本株の代表選手としてどうか」ということを意識していない経営者も見受けられた。また親子上場や少数株主の権利をめぐる利益相反の問題について報道されるなど、課題は依然として残っている。

今回の市場改革でもそうだが、プライムにおいては一段と高いコーポレートガバナンスをお願いしている。経営者の意識改革を促していこうと、さまざまな手を打っているところだ。

（聞き手・梅垣勇人）

清田　瞭（きよた・あきら）

１９４５年生まれ。６９年早稲田大学政治経済学部卒業後、大和証券に入社。９４年大和証券取締役。９９年大和証券ＳＢＣＭ（現・大和証券）社長。２００４年大和証券グループ本社取締役副会長。１１年同社名誉会長を経て１３年にＪＰＸ取締役。１５年から現職。

基準未達でもプライムに上場できる不思議

「機関投資家の投資対象になりうる時価総額を持つ企業の市場」——。

これが東証プライム市場のコンセプトだ。だが、その理念に対し現実は程遠く、多くの機関投資家が怒りを通り越して失望しているのが実情だ。

プライム市場には、時価総額がわずか27億円（2022年3月25日時点）の企業でも上場できる。プリント基板の製造受託、ピーバンドットコムだ。トヨタ自動車の同35兆円と比べ、1万分の1以下である。

次のグラフはプライム市場と米ニューヨーク市場の上場企業の時価総額分布を比較したもの。プライム市場で最も多いのは時価総額が100億～250億円の企業。全体の約2割を占める。一方、ニューヨーク市場で100億～250億円程度の企業は1割に満たない。

プライム市場はボーダー未満が6割
—日米上場企業の時価総額分布図—

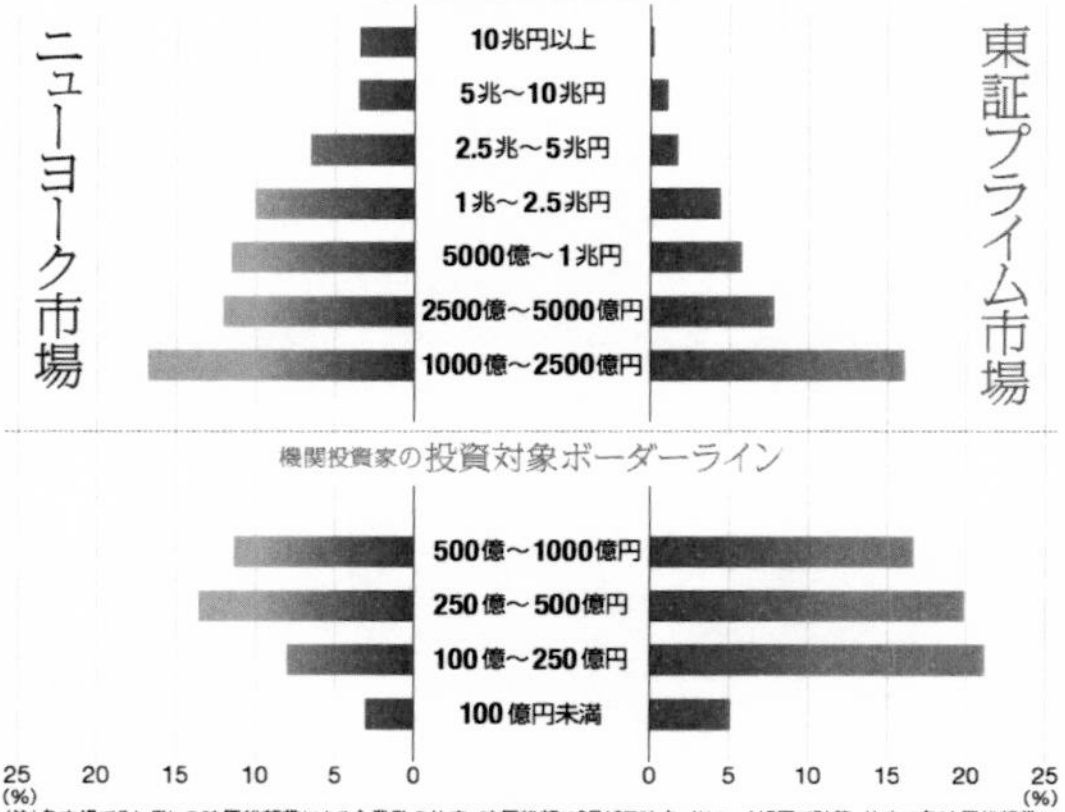

(注)各市場でそれぞれの時価総額帯にある企業数の比率。時価総額は3月16日時点。1ドル=115円で計算。比率は各時価総額帯に属する企業数を総企業数で除して求めた　(出所)米ニューヨーク市場の時価総額はS&Pグローバル・マーケット・インテリジェンスのデータ。東京証券取引所の開示資料、株価情報、取材を基に東洋経済作成

「最低でも1000億円程度の時価総額がないと投資対象にならない」と複数の機関投資家は不満をこぼす。運用する資産の規模が数百億円から数兆円に上る中で、資金を小分けにして投資すると、コストを上回るリターンを得るのが難しい。だからといって、それなりの額で時価総額の小さな企業の株に投資すると、自身の売買だけで株価が急変し、投資効率が悪くなる。場合によっては売買に応じてくれる相手が見つからず、売却しようとしても取引が成立しないリスクもある。だから機関投資家は時価総額1000億円程度以上の企業を投資対象としたがるのだ。

東証自身、市場再編を議論し始めた当初は、時価総額1000億円や500億円を最上位市場の基準にすることを検討していた。だが、最終的に流通株式時価総額100億円がプライム市場の上場維持基準となった。

さらに機関投資家があきれているのは、経過措置という抜け穴が用意されたことだ。経過措置とは、上場維持基準を満たしていない企業に適用される激変緩和措置のこと。「新市場区分の上場維持基準の適合に向けた計画書」という資料を提出すれば、基準に適合していなくても新市場へ移行できる。しかも経過措置の基準は本来の基準に比べて極めて緩い。例えばプライム市場の流通株式比率の基準は、本来35%。だが経過措置では7分の1に当たる5%でよい。

経過措置が抜け穴に

	プライム		スタンダード		グロース	
	基準	経過措置	基準	経過措置	基準	経過措置
株主数	800人	800人	400人	150人	150人	150人
流通株式数	2万単位	1万単位	2000単位	500単位	1000単位	500単位
流通株式時価総額	100億円	10億円	10億円	2.5億円	5億円	2.5億円
流通株式比率	35%	5%	25%	5%	25%	5%

（出所）東証の資料を基に東洋経済作成

本来の基準を満たしていないのにプライム市場へ移行できた企業は、「ゾンビ・プライム」企業と市場関係者の間で呼ばれている。その数は200社以上に上る。ゾンビはさらに増えそうだ。新市場移行時は基準を満たしていても、その後に株価が下落し、流通株式時価総額が100億円を下回る場合などだ。そうなっても、計画書を出せば経過措置の適用を受け、プライム上場を維持できる。

もっとひどいことに、この経過措置には今のところ期限がない。いつまでも経過措置を受け続けられるのだ。基準を満たさなくても経過措置が適用されるのであれば、はたして基準といえるのだろうか。

市場再編を議論した金融庁の審議会の関係者は「経過措置の導入は後出しじゃんけんだ。激変緩和措置が必要という点では合意したが、基準や期間については議論していないし、会議として承認もしていない」と憤りを隠さない。

プライム以外もお粗末

プライム市場と同様にスタンダード市場、グロース市場も経過措置で基準が大幅に緩和された。その結果、ゾンビ・スタンダード企業やゾンビ・グロース企業が多数生まれている。グロース市場のコンセプトは「高い成長可能性を有する企業向けの市場」だ。だが実際には、上場以来ほとんど成長できていない企業も少なくない。

例えば、システム開発を手がけるイメージ情報開発は、流通株式時価総額が4億円前後にとどまる。2006年の上場以降、売上高がほとんど横ばいで、たびたび営業赤字に陥っている。

メルカリの元CFOで未上場企業向け投資ファンド代表の長澤啓氏は、「上場時の時価総額と流動性が一定規模に満たないと、機関投資家の投資対象となりにくい。依然として上場のハードルが低いと言わざるをえない」と指摘する。個人投資家が株主の中心だと、公募増資などで成長のための資金を調達することが難しい。時価総額も伸びにくいのが実態だ。

ガバナンスの問題も残る。市場再編と同時にコーポレートガバナンス・コードが改訂され、親会社と子会社がともに上場する親子上場については、ガバナンスの強化が求められる。だが、親子上場は子会社の一般株主が不利益を被りかねない。親子上場自体を禁じるべきとの声は多い。

（梅垣勇人）

「独自集計」であぶり出し

増殖するプライム落第企業

「負のサイクルに陥っています」。ある上場企業の社長は、そう言って深いため息をついた。

市場再編の構想が明らかになった当初はこの社長が多くの株を保有しており、流通株式時価総額100億円以上というプライム市場の基準を満たしていない状態だったという。

流通株式時価総額を上げるには、社長が株を売却し流通株式を増やすか、株価を引き上げるしかない。社長は「プライムに上がるためなら」と保有株の売却を決断。かろうじて基準を満たし、プライム移行を勝ち取った。

ところが、程なくして問題が発生した。株価がじりじりと下がったことで、流通株式時価総額がまたもや100億円を下回ってしまったのだ。

この社長は、株を売却する際に市場への影響を小さくしようと、信託会社を経由して少しずつ売却する形を取っていた。東証の基準では、信託会社に移った時点でその株は流通株式とされる。そのため、当時の株価では基準をクリアできたわけだ。

その後、信託会社を通じた売却が始まったが、売却にかかる期間は半年以上。その間株価は低空飛行を続けている。基準を満たそうと流通株式を増やせば、株価が下がり、基準が遠のく。まさに負のサイクルというわけだ。

この社長は「上場廃止にはなりたくない。何か手を打たなければ」と日々頭を悩ませているという。

基準未達企業がわんさか

この企業のように、いったんは基準を満たし、プライム移行を決めた企業の中にも、すでに上場維持基準を下回る企業が出てきている。その理由はさまざまだが、とくに目立つのは、流通株式時価総額が基準を下回る企業だ。足元の相場環境が悪化する中、株価が下落したことで基準を割ってしまっている。

移行後に上場維持基準を下回った場合は、事業年度末から3カ月以内に計画書を提出し、経過措置の適用を受ける必要がある。

さらに大きな問題は、TOPIXから外されてしまうことだ。2022年10月時点で流通時価総額が100億円に達していなければ、「段階的ウエイト低減銘柄」に指定され、組み入れ比率が順次下がっていく。こうした企業たちは計画書提出予備軍であり、隠れたゾンビ・プライム企業ともいえるわけだ。

そうした企業をあぶり出すため、東洋経済はプライム移行企業の流通株式時価総額を独自試算した。

なお、時価総額には、21年12月〜22年2月の3カ月における平均時価総額を用いている。急激な株価の変動で一時的に基準を下回った企業を除外するためだ。

試算結果の中から、計画書提出済みの企業を除外し、流通株式時価総額の低い順に並べたのが次表（注・ランキングの条件は後述）だ。今後株価が下落した場合に100億円を下回る懸念がある水準として、120億円を想定。それ未満の企業を掲載している。該当社数は80社。すでに100億円を下回っている企業は38社もある。

計画書未提出プライム企業の流通株式時価総額・ワーストランキング

順位	社名	流通株式時価総額（億円）
1	プロレドP	40.51
2	フロンテM	49.18
3	GMOペパ	49.69
4	UMCエレ	50.91
5	ソウルドO	51.15
6	シルバーL	55.26
7	フィルC	64.88
8	アセンテク	65.05
9	サニックス	66.95
10	イーソル	67.23
11	CL HD	68.04
12	ヨシムラF	70.40
13	LTS	72.00
14	ネオJPN	73.56
15	ダイヤエレ	78.95
16	エフオン	81.33
17	三谷産業	81.45
18	セラク	83.14
19	サーバワク	84.07
20	ISB	84.28
21	三光合成	85.42
22	グッドコム	86.33
23	キャリアL	87.09
24	Hamee	87.10
25	コーア商事	91.07
26	シスサポ	91.68
27	AndDo	92.39
28	キューブS	92.78
29	RPA HD	93.53
30	新日本製薬	95.85
31	トーホー	96.06
32	セントHD	96.12
33	東洋証券	96.33
34	エイチーム	96.71
35	サックバH	97.29
36	Tメディカ	97.78
37	PCデポ	97.90
38	鈴木	98.28
39	パラカ	100.66
40	JMS	100.74
41	GDO	103.45
42	テラスカイ	104.00
43	ファイバG	104.27
44	ユーザーL	104.47
45	東京製綱	104.83
46	スカラ	104.93
47	Bガレージ	104.97
48	学情	105.16
49	東京鉄鋼	105.86
50	ロボットH	106.09
51	中央発條	106.43
52	アグロカネ	107.42
53	東京楽天地	107.93
54	中外炉工業	107.96
55	ペガサス	108.01
56	明光ネット	108.07
57	第一カッタ	108.25
58	さくらイン	109.07
59	クリナップ	109.36
60	ジャステク	110.25
61	ライドオン	110.32
62	SMK	110.63
63	ポピンズH	112.06
64	グノシー	112.81
65	北川鉄工所	112.94
66	バロックJ	113.18
67	東京ベース	113.35
68	エスリード	113.70
69	アステリア	114.08
70	ジャノメ	114.67
71	日特建設	114.97
72	ペッパFS	115.00
73	ラサ工業	115.22
74	TOW	115.86
75	空港施設	115.90
76	フジコーポ	116.67
77	千趣会	118.00
78	大豊工業	118.27
79	カナミック	118.47
80	フォーカス	118.98

（注）2月25日時点で上場維持基準の適合に向けた計画書を提出していないプライム移行予定企業が対象。社名は東洋経済の基準により一部省略

ワースト1位となったのは、コンサルティング会社のプロレド・パートナーズ。代表取締役の佐谷進氏が資産管理会社を通じて約43％を保有していることから、流通株式時価総額が低くなっている。

業績面も影響した。顧客企業からの売り上げが減少し、21年10月期は業績を下方修正。22年10月期も同様に下方修正しており、株価は上場来安値を更新。100億円は遠のくばかりだ。

会社側は「開示した予想どおりの実績を出して信頼を取り戻すしかない」と、まずは業績による株価向上を目指す考えだ。

2位のフロンティア・マネジメントも状況は似ている。コンサルやM&A助言が主力の会社だが、創業者の2人が合計約38％を保有している。21年12月期の業績下方修正もあり、株価も停滞気味だ。ただ、同社の幹部は「4月には投資子会社による新事業も始まる。この事業が軌道に乗れば、株価にも見直しが入るはず」と基準達成への自信をのぞかせている。

4位のユー・エム・シー・エレクトロニクスは電子機器受託製造サービスを手がける。粉飾決算により19年12月から21年4月までは特設注意市場銘柄に指定され、上場廃止になる懸念もあった企業だ。
同社は現在も再生計画の途上にある。同社の幹部は「部品の逼迫など外部環境によ
る影響もある。中長期で考え、再生計画を進めていく」としている。外部環境の改善
だけでなく、ガバナンスや情報開示の改善を示していくことも必要であり、基準達成
への道は決して平坦ではない。

ここまで見てもわかるとおり、計画書提出予備軍の多くは「業績を上げることで株価を上げ、基準を達成する」と口をそろえる。一度は基準を満たしていたことから、「特別な策は要らない」（ランキング中位企業の幹部）と楽観的な声まで聞こえてくる。

ただし、業績をマーケットが適切に評価してくれるかはわからない。ただでさえ足元は、新型コロナ禍、インフレ、ウクライナ情勢、米利上げと不確定要素が目白押しだ。株価の回復が想定以上に遅れても何ら不思議はない。

今後、株価の下落で新たに予備軍に名を連ねる企業も出てくるだろう。プライムに移行した後でも油断は大敵だ。

（注）「計画書未提出プライム企業の流通株式時価総額・ワーストランキング」について

ランキングは流通株式時価総額が小さい順。流通株式時価総額は、時価総額に流通株式比率を掛けたもの。時価総額は2021年12月1日から22年2月28日までの平均値。流通株式比率は流通株式数を発行済み株式数で割ったもの。流通株式数は東洋経済の試算で、発行済み株式数から次の株式数を除いて算出した。自己株式数、役員が保有する株式数、保有比率10％以上で10位までの大株主が保有する株式数（ただし、証券金融会社や信託口は除く）、国内の金融機関・事業会社が保有する株式数（純投資目的を除く）。実際の流通株式数とは差異がある。各株式数は原則として直近の有価証券報告書・第2四半期報告書に基づく。その後のコーポレートアクションは反映していない。

（出所）東洋経済新報社「大株主データ」『役員四季報2021年版』「ESGオンライン」、各社有価証券報告書、大量保有報告書、取材を基に東洋経済作成

（藤原宏成）

「適合計画書」提出551社を徹底分析

「5年先の計画に、いったいどれだけの実現可能性があるのか」。ある上場企業が公表した計画をめぐって、アクティビストファンドの代表者は憤りを隠さない。

その計画とは、新市場区分における上場維持基準の適合に向けた計画書のこと。現状では上場維持基準を満たさない場合であっても、計画書を提出しさえすれば新区分へそのまま移行することができる。

しかしながら、この計画にいつまでに上場基準を達成するのかという期限は必要ない。そのため、新区分移行の抜け穴になっており、長期に及ぶ計画を掲げる企業が続出してしまっているのが実情だ。

次の〔表1〕は、達成予定年月を今から5年以上先に設定している企業で、適合計画書を提出した551社のうち26社に上った。

1 計画期間が長い

順位	証券コード	社名	市場区分	達成予定年月	未達項目
1	9708	帝国ホテル	S	策定困難	流通比率
2	3839	ODK ソリューションズ	P	2032. 3	流通時価総額、売買代金
3	7037	テノ.HD	P	30.12	流通時価総額
4	3275	ハウスコム	P	30. 3	流通時価総額、売買代金
5	2268	B-R サーティワン	S	29.12	流通比率
6	9351	東洋埠頭	P	29. 3	流通時価総額、売買代金
7	3067	東京一番フーズ	P	28. 9	流通時価総額、売買代金
8	2796	ファーマライズHD	P	28. 5	流通時価総額、売買代金
9	3484	テンポ イノベーション	P	28. 3	流通時価総額
〃	3559	ピーバンドットコム	P	28. 3	流通時価総額
〃	4333	東邦システム サイエンス	P	28. 3	流通時価総額、売買代金
〃	5104	日東化工	S	28. 3	流通時価総額
〃	7727	オーバル	P	28. 3	流通時価総額
14	3054	ハイパー	P	27.12	流通時価総額、売買代金
〃	6171	土木管理総合試験所	P	27.12	流通時価総額
〃	6444	サンデン	P	27.12	流通時価総額、流通比率
〃	6853	共和電業	P	27.12	流通時価総額、売買代金
〃	7070	SI HD	G	27年をメドに	流通比率
19	2424	プラス	P	27. 7	流通時価総額、売買代金
20	5380	新東	S	27. 6	株主数、流通時価総額
〃	9028	ゼロ	S	27. 6	流通比率
22	2722	アイケイ	P	27. 5	流通時価総額
〃	2761	トシン・グループ	S	27. 5	流通比率
〃	7420	佐鳥電機	P	27. 5	流通時価総額
〃	7487	小津産業	P	27. 5	流通時価総額
〃	8940	インテリックス	P	27. 5	流通時価総額

（注）達成予定年月は上場維持基準を満たすための計画期間の期限。未達項目の流通比率は流通株式比率、流通時価総額は流通株式時価総額、売買代金は1日平均売買代金

最も長期といえるのが、「計画期間は現時点で策定が困難」とした帝国ホテルだ。具体的な時期を記さなかった唯一の企業である。

帝国ホテルが満たしていない基準は流通株式比率。25%が必要なところ、14・2%にとどまっている。筆頭株主の三井不動産が全体の3分の1を保有するほか、アサヒビール、大和証券グループ本社、みずほ銀行、日本生命保険なども大株主として名を連ねる。

帝国ホテル東京の建て替え（2024~36年度）を控える中で、同社は「今後も既存の株主より継続的なご協力をいただくことが最も大切」とする。建て替えが終わるのは14年後だが、計画期間を設定できるのはいったいいつになるのだろうか。

具体的な年月で最も遠い32年3月までを計画期間としたのは、システム開発・運用会社のODKソリューションズ。だいこう証券ビジネスの電算部門が独立した企業で、証券会社の業務システムや不公正売買監視システムなどを手がけている。

未達基準は流通株式時価総額だ。100億円の基準に対し、4分の1の25億円しかない（移行基準日の21年6月末時点）。M&A（合併・買収）をはじめとした施策に100億円規模の資金を投じ、成長戦略を進めるという。

ランキング3位のテノ・ホールディングスは認可保育所と企業内保育所を運営している。流通株式時価総額27億円で、基準達成には約4倍に引き上げる必要がある。その達成予定年月は、30年12月。保育以外での事業立ち上げを進め、継続的な増配や大株主への売却促進などに取り組むとしている。

なお、9位のピーバンドットコムは計画期間を「26年3月期〜28年3月期のなるべく早い時期」としているが、表では保守的に28年3月を達成予定年月とした。

売上高5倍のバラ色計画

流通株式時価総額を増やすには、企業価値の向上が欠かせない。適合計画書に記されている売上高や経常利益、純利益の目標を精査してみると、過去の実績から大きく懸け離れている企業が多数あることもわかった。

売上高の目標と過去3期の平均を比べ、その倍率でランキングしたのが〔表2〕だ。

2 売上高の目標が大きい

順位	証券コード	社名	市場区分	目標倍率（倍）	目標売上高（億円）	過去平均（億円）	目標予定年月
1	7037	テノ.HD	P	4.65	500	107.6	2030.12
2	9325	ファイズHD	P	4.49	480	106.8	27. 3
3	3237	イントランス	G	4.18	71	17.0	24. 3
4	3446	ジェイテックコーポレーション	P	3.07	32	10.4	24. 6
5	7060	ギークス	P	2.99	100	33.4	25. 3
6	3083	シーズメン	S	2.48	84	33.9	25. 2
7	3393	スターティアHD	P	2.45	310	126.7	25. 3
8	7030	スプリックス	P	2.44	400	163.8	25. 9
9	6171	土木管理総合試験所	P	2.29	150	65.4	27.12
〃	1433	ベステラ	P	2.29	100	43.6	26. 1
〃	3067	東京一番フーズ	P	2.29	100	43.7	28. 9
12	2311	エプコ	P	2.27	100	44.1	25.12
13	3934	ベネフィットジャパン	P	2.27	180	79.5	24. 3
14	3646	駅探	G	2.26	59	26.2	24. 3
15	3521	エコナックHD	P	2.25	30	13.3	25. 3
16	9279	ギフトHD	P	2.24	250	111.7	24.10
17	7527	システムソフト	P	2.23	80	35.9	24. 9
18	7191	イントラスト	P	2.19	80	36.6	24. 3
19	3490	アズ企画設計	S	2.16	132	61.2	24. 2
20	2424	ブラス	P	2.14	198	92.4	27. 7
21	8869	明和地所	P	2.13	1,000	468.7	27. 3
22	3489	フェイスネットワーク	P	2.10	350	166.8	27. 3
23	4441	トビラシステムズ	P	2.06	25	12.1	24.10
24	3538	ウイルプラスHD	P	2.00	705	352.3	25. 6
25	3135	マーケットエンター	P	1.98	200	100.8	24. 6
26	2323	fonfun	S	1.97	11	5.6	25. 3
27	2321	ソフトフロンHD	G	1.96	7	3.6	24. 3
28	9425	日本テレホン	S	1.95	100	51.2	24. 4
29	4929	アジュバンHD	P	1.94	95	49.1	25. 3
30	2352	WOW WORLD	P	1.92	38	19.8	23. 3
31	3802	エコミック	S	1.90	25	13.2	24. 3
32	5698	エンビプロ・HD	P	1.89	700	370.5	26. 6
33	3054	ハイパー	P	1.88	430	228.8	27.12
〃	6218	エンシュウ	P	1.88	500	266.6	26. 3
35	2410	キャリアデザインセンター	P	1.84	200	108.7	26. 9
36	3814	アルファクス・フード	G	1.83	31	16.9	24. 9
37	3992	ニーズウェル	P	1.80	100	55.4	23. 9
38	2464	ビジネス・ブレークスルー	P	1.78	100	56.2	25. 3
39	6185	SMN	P	1.77	200	113.1	25. 3
40	4439	東名	P	1.75	206	118.0	24. 8

（注）目標売上高と目標予定年月は、上場維持基準を満たすための経営計画で掲げた目標。過去平均は過去3期の売上高実績の平均。目標倍率は目標売上高を過去平均で割ったもの

1位は前出のテノ・ホールディングス。目標売上高は500億円だが、過去3期の売上高は100億円、107億円、114億円。22年12月期予想も125億円と目標との乖離が大きい。ここ数年の1桁成長が続くと、計画の8年が経っても目標に届かない計算だ。そのため20年に介護、21年に結婚相談所など、保育以外の事業にも進出。30年時点で年商の約6割をこうした新規事業で稼ぐというが、ハードルは高い。

2位はファイズホールディングス。EC（ネット通販）事業者の倉庫内作業代行が柱で、年商の7割はアマゾン向けだ。22年3月期の予想増収率は24%で、このまま25%増収が続けば480億円の目標に届く。だが、25%成長を5年継続するのは容易ではない。

また、3月23日には丸和運輸機関によるTOB（株式公開買い付け）が成立。丸和がファイズの58%株主となった。上場は維持するが、流通株式比率35%の基準を満たさなくなる懸念が出ている。

なお、9位の土木管理総合試験所は適合計画書で目標売上高を「150億円以上」

と記しているが、表では保守的に150億円と掲載。目標が概数の場合、他社でも同様の扱いとしている。億円未満の数値は切り捨てて記載した。

赤字続きからの大幅回復

経常利益の目標と過去3期実績を比べ、その差でランキングしたのが次の〔表3〕だ。

3 経常利益の目標が大きい

順位	証券コード	社名	市場区分	必要改善額（億円）	目標経常利益（億円）	過去平均（億円）	目標予定年月
1	5632	三菱製鋼	P	81.8	63	▲18.8	2023. 3
2	7408	ジャムコ	P	62.3	38	▲24.3	24. 3
3	4343	イオンファンタジー	P	55.4	52	▲3.4	24. 2
4	7445	ライトオン	P	48.4	29	▲19.4	25. 8
5	8869	明和地所	P	38.3	60	21.7	27. 3
6	7561	ハークスレイ	P	34.5	46	11.5	26. 3
7	5491	日本金属	P	25.1	28	2.9	27. 3
8	5698	エンビプロ・HD	P	24.7	40	15.3	26. 6
9	4619	日本特殊塗料	P	22.9	61	38.1	25. 3
10	4653	ダイオーズ	P	22.7	28	5.3	26. 3
11	7918	ヴィア・HD	P	21.9	9	▲12.9	24. 3
12	3489	フェイスネットワーク	P	21.6	30	8.4	27. 3
13	2410	キャリアデザインセンター	P	20.9	24	3.1	26. 9
14	7514	ヒマラヤ	P	20.4	30	9.6	24. 8
15	4346	ネクシィーズグループ	P	19.9	20	0.1	24. 9
16	4323	日本システム技術	P	19.3	30	10.7	26. 3
17	1712	ダイセキ環境ソリューション	P	18.5	30	11.5	24. 2
18	2764	ひらまつ	P	18.2	12	▲6.2	25. 3
19	2424	ブラス	P	18.1	19	0.9	27. 7
20	6218	エンシュウ	P	16.2	31	14.8	26. 3
21	3452	ビーロット	P	15.8	36	20.2	23.12
22	3526	芦森工業	P	15.7	27	11.3	25. 3
23	3544	サツドラHD	P	15.5	22	6.5	24. 5
24	8999	グランディハウス	P	14.3	40	25.7	24. 3
25	9279	ギフトHD	P	14.1	25	10.9	24.10
26	9127	玉井商船	S	13.7	13	▲0.7	24. 3
27	3067	東京一番フーズ	P	13.5	13	▲0.5	28. 9
28	8077	トルク	P	13.4	17	3.6	26.10
29	8101	GSIクレオス	P	13.1	35	21.9	25. 3
30	8093	極東貿易	P	13.0	25	12.0	26. 3
31	3275	ハウスコム	P	12.6	23	10.4	30. 3
32	8091	ニチモウ	P	11.8	35	23.3	25. 3
33	9385	ショーエイコーポレーション	P	10.7	18	7.3	25. 3
34	1429	日本アクア	P	10.5	28	17.5	23.12
35	2676	高千穂交易	P	10.3	20	9.7	25. 3
36	7590	タカショー	P	9.5	20	10.5	25. 1
37	3934	ベネフィットジャパン	P	9.1	20	10.9	24. 3
38	2674	ハードオフコーポレーション	P	9.0	19	10.0	24. 3
39	7525	リックス	P	8.9	35	26.1	24. 3
40	3683	サイバーリンクス	P	8.1	16	7.9	25.12

（注）目標経常利益と目標予定年月は上場維持基準を満たすための経営計画で掲げた目標。過去平均は過去3期の経常利益実績の平均。必要改善額は目標経常利益と過去平均の差。▲はマイナス

1位は特殊鋼やばねを生産する三菱製鋼。直近の流通株式時価総額は基準を満たしているが、計画書の23年3月期目標経常利益63億円を達成するには、過去3期より80億円以上改善させる必要がある。

前期は高炉改修に伴う一時費用の負担が重かった。22年3月期はその負担がなくなり、値上げの実現もあって経常損益は42億円の黒字に転換する見通しだ。

2位は航空機用の内装品などを生産するジャムコ。24年3月期の経常黒字38億円をもくろむ。だが、22年3月期も35億円の赤字想定。人員削減を進め、航空需要回復に手応えありというが難易度は高い。

次の〔表4〕は、純利益の目標と過去3期を比べてランキングしたものだ。

4 純利益の目標が大きい

順位	証券コード	社名	市場区分	必要改善額(億円)	目標純利益(億円)	過去平均(億円)	目標予定年月
1	7182	ゆうちょ銀行	P	**767.5**	3,500	2,732.5	2026. 3
2	5632	三菱製鋼	P	**104.4**	40	▲64.4	23. 3
3	7256	河西工業	P	**87.5**	39	▲48.5	25. 3
4	7408	ジャムコ	P	**63.9**	27	▲36.9	24. 3
5	7445	ライトオン	P	**61.4**	15	▲46.4	25. 8
6	4343	イオンファンタジー	P	**56.8**	31	▲25.8	24. 2
7	7918	ヴィア・HD	P	**40.2**	6	▲34.2	24. 3
8	8244	近鉄百貨店	S	**29.6**	40	10.4	25. 2
9	7561	ハークスレイ	P	**24.5**	32	7.6	26. 3
10	5985	サンコール	P	**23.3**	35	11.7	25. 3
11	6461	日本ピストンリング	P	**22.8**	28	5.2	24. 3
12	3486	グローバル・リンク	P	**22.1**	32	9.9	24.12
13	4619	日本特殊塗料	P	**21.6**	43	21.4	25. 3
14	2737	トーメンデバイス	P	**20.9**	50	29.1	22. 3
15	4653	ダイオーズ	P	**19.5**	19	▲0.5	26. 3
16	4346	ネクシィーズグループ	P	**17.9**	12	▲5.9	24. 9
17	7455	三城HD	P	**17.0**	10	▲7.0	25. 3
18	5491	日本金属	P	**16.6**	18	1.4	27. 3
19	3109	シキボウ	P	**16.5**	15	▲1.5	25. 3
20	2796	ファーマライズHD	P	**15.6**	19	3.4	28. 5
21	3489	フェイスネットワーク	P	**14.1**	20	5.9	27. 3
〃	8732	マネーパートナーズG	P	**14.1**	14	▲0.1	26. 3
23	8940	インテリックス	P	**13.7**	22	8.3	27. 5
24	7527	システムソフト	P	**13.3**	7	▲6.3	24. 9
25	7514	ヒマラヤ	P	**13.0**	17	4.0	24. 8
26	6989	北陸電気工業	P	**11.7**	18	6.3	25. 3
27	3452	ビーロット	P	**11.6**	24	12.4	23.12
〃	1712	ダイセキ環境ソリューション	P	**11.6**	18	6.4	24. 2
29	3544	サツドラHD	P	**10.6**	13	2.4	24. 5
30	3526	芦森工業	P	**10.5**	20	9.5	25. 3
31	3173	Cominix	P	**9.6**	14	4.4	26. 3
32	7819	粧美堂	P	**9.5**	11	1.5	26. 9
33	4929	アジュバンHD	P	**9.2**	9	▲0.2	25. 3
34	6826	本多通信工業	P	**9.1**	12	2.9	26. 3
35	8077	トルク	P	**9.0**	11	2.0	26.10
36	3275	ハウスコム	P	**8.7**	15	6.3	30. 3
37	8999	グランディハウス	P	**8.6**	26	17.4	24. 3
38	8101	GSIクレオス	P	**8.0**	22	14.0	25. 3
39	2674	ハードオフコーポレーション	P	**7.9**	12	4.1	24. 3
40	3166	OCHI HD	P	**7.7**	23	15.3	27. 3

(注) 目標純利益と目標予定年月は上場維持基準を満たすための経営計画で掲げた目標。過去平均は過去3期の純利益実績の平均。必要改善額は目標純利益と過去平均の差。▲はマイナス

3位の自動車部品メーカー、河西工業は前期・前々期と赤字で、22年3月期も175億円の赤字が見込まれる。完成車の減産や新型車の準備費用増が響く。25年3月期の黒字39億円に向けて、不採算拠点の閉鎖や本社固定費の大幅な削減に取り組んでいる。

TOB続出の可能性

上場維持基準には、流通株式比率の定めもある。それを満たすための必要改善幅でランキングしたのが次の〔表5〕だ。

5 流通株式比率の必要改善幅が大きい

順位	証券コード	社名	市場区分	必要改善幅(%ポイント)	流通株式比率(%)	時価総額(億円)	達成予定年月
1	7182	ゆうちょ銀行	P	26.2	8.8	39,849	2026. 3
2	7169	NFC HD	S	20.9	4.1	246	25. 3
3	9245	リベロ	G	15.3	9.7	111	24.12
4	3540	歯愛メディカル	S	14.5	10.5	443	24.12
5	7070	SI HD	G	14.2	10.8	46	27年をメドに
6	9641	サコス	S	14.0	11.0	157	25. 9
7	6565	ABホテル	S	13.6	11.4	169	27. 3
8	4499	Speee	S	13.1	11.9	471	24.12
9	3133	海帆	G	12.8	12.2	34	25. 3
10	7450	サンデー	S	12.7	12.3	140	25年までに
11	2268	B-R サーティワン	S	12.6	12.4	389	29.12
12	9028	ゼロ	S	12.2	12.8	176	27. 6
13	7512	イオン北海道	S	12.1	12.9	1,702	26. 2
14	2653	イオン九州	S	12.0	13.0	756	26. 2
15	9733	ナガセ	S	11.5	13.5	559	25. 3
16	9976	セキチュー	S	11.1	13.9	95	24.12
17	4498	サイバートラスト	G	10.9	14.1	115	25. 3
18	9708	帝国ホテル	S	10.8	14.2	1,089	策定困難
19	7624	NaITO	S	10.0	15.0	95	24年までに
20	3166	OCHI HD	P	9.7	25.3	177	27. 3
〃	7502	プラザクリエイト本社	S	9.7	15.3	53	25. 3
22	4412	サイエンスアーツ	G	9.6	15.4	283	24. 8
〃	8244	近鉄百貨店	S	9.6	15.4	1,050	27. 2
24	2814	佐藤食品工業	S	9.5	15.5	147	26. 3
〃	4816	東映アニメーション	S	9.5	15.5	4,734	25. 3
26	9539	京葉瓦斯	S	9.3	15.7	373	25. 3
27	4624	イサム塗料	S	9.2	15.8	69	25. 3
28	5387	チヨダウーテ	S	9.0	16.0	92	25. 3
29	2761	トシン・グループ	S	8.9	16.1	774	27. 5
〃	3694	オプティム	P	8.9	26.1	632	27. 3
31	1352	ホウスイ	S	8.7	16.3	71	25. 3
32	3454	ファーストブラザーズ	P	8.5	26.5	124	26.11
33	4446	Link-U	P	8.3	26.7	127	24. 7
34	9260	西本Wismettac HD	P	8.2	26.8	439	25.12
35	7895	中央化学	S	8.1	16.9	78	25. 3
36	6879	IMAGICA GROUP	P	7.8	27.2	279	26. 3
37	2588	プレミアムウォーターHD	S	7.6	17.4	781	27. 3
〃	4781	日本ハウズイング	S	7.6	17.4	711	24. 3
〃	9377	エージーピー	S	7.6	17.4	76	26. 3
40	7244	市光工業	P	7.2	27.8	499	23.12
〃	9090	丸和運輸機関	P	7.2	27.8	1,706	26. 3

(注) 流通株式比率と達成予定年月は「計画書」での記載に基づく。必要改善幅は各市場の上場維持基準の流通株式比率との差。時価総額は2021年12月～22年2月の平均

1位のゆうちょ銀行は親会社・日本郵政が9割近くの株式を保有している。26年3月までに35％以上にする計画だが、日本郵政が放出できるか不透明だ。なお、ゆうちょ銀行は9月には流通株式比率が10・6％へ上昇している。自己株式を消却したためだが、表では移行基準日（21年6月末）で掲載した（他社も同様）。
31位のホウスイは、2月28日に親会社・中央魚類がTOBを発表した。完全子会社化され上場廃止になる見込みだ。流通株式比率の改善が難しい企業では、親会社によるTOBが相次ぐかもしれない。

流通株式時価総額も上場維持基準の1つ。充足への必要増加額でランキングしたものが〔表6〕だ。

6 流通株式時価総額の必要増加額が大きい

順位	証券コード	社名	市場区分	必要増加額（億円）	流通株式時価総額（億円）	流通株式比率（%）	達成予定年月
1	2424	ブラス	P	86.0	14.0	43.8	2027. 7
2	8077	トルク	P	79.7	20.3	29.1	26.10
3	3559	ピーバンドットコム	P	79.3	20.7	52.6	28. 3
4	3521	エコナックHD	P	78.0	22.0	56.8	25. 3
5	3067	東京一番フーズ	P	76.2	23.8	45.4	28. 9
6	7819	粧美堂	P	75.8	24.2	43.3	26. 9
7	3135	マーケットエンター	P	75.5	24.5	35.6	26. 6
〃	3486	グローバル・リンク	P	75.5	24.5	35.7	25.12
9	3054	ハイパー	P	75.3	24.7	49.3	27.12
10	3839	ODKソリューションズ	P	75.0	25.0	36.9	32. 3
〃	3940	ノムラシステム	P	75.0	25.0	36.3	26.12
12	7037	テノ.HD	P	72.8	27.2	49.6	30.12
13	3992	ニーズウェル	P	72.7	27.3	51.1	23. 9
14	2796	ファーマライズHD	P	72.0	28.0	37.9	28. 5
15	3489	フェイスネットワーク	P	71.0	29.0	44.8	27. 3
16	3467	アグレ都市デザイン	P	70.3	29.7	51.3	27. 3
17	4439	東名	P	70.0	30.0	37.8	24. 8
〃	7561	ハークスレイ	P	70.0	30.0	28.8	26. 3
19	6428	オーイズミ	P	69.0	31.0	35.0	25. 3
〃	6054	リブセンス	P	69.0	31.0	48.1	26.12
21	2196	エスクリ	P	67.8	32.2	53.0	27. 3
22	2464	ビジネス・ブレークスルー	P	67.2	32.8	51.7	25. 3
23	7035	and factory	P	66.6	33.4	48.2	24. 8
24	3173	Cominix	P	66.0	34.0	67.2	26. 3
25	6189	グローバルキッズ	P	65.7	34.3	36.8	24. 9
26	9325	ファイズHD	P	64.7	35.3	37.0	27. 3
〃	9419	ワイヤレスゲート	P	64.7	35.3	74.0	24.12
28	6218	エンシュウ	P	64.6	35.4	61.7	26. 3
29	8940	インテリックス	P	64.1	35.9	51.6	27. 5
30	4929	アジュバンHD	P	64.0	36.0	44.0	25. 3
〃	6171	土木管理総合試験所	P	64.0	36.0	63.0	27.12
32	2311	エプコ	P	63.7	36.3	41.1	25.12
33	3526	芦森工業	P	61.5	38.5	60.7	25. 3
34	3454	ファーストブラザーズ	P	61.4	38.6	26.5	26.11
35	7727	オーバル	P	61.2	38.8	52.7	28. 3
36	6185	SMN	P	60.3	39.7	37.7	26. 3
37	3030	ハブ	P	59.9	40.1	49.9	27. 2
38	4093	東邦アセチレン	P	59.5	40.5	46.8	26. 3
39	2163	アルトナー	P	59.0	41.0	46.8	25. 1
〃	4098	チタン工業	P	59.0	41.0	69.7	26. 3

（注）流通株式時価総額、流通株式比率、達成予定年月は「計画書」での記載に基づく。
必要増加額は各市場の上場維持基準の流通株式時価総額との差

結婚式事業のブラスが1位。式場を増やし、株主還元を実施してＩＲ（投資家向け広報）を積極化するという。だが、コロナ禍で婚礼件数が低迷し直近2期は無配。２７年7月までに市場評価をどこまで高められるかが大きな課題だ。

（福田　淳）

親子上場続ける困った面々

「グローバルな投資家との建設的な対話を中心に据えた企業向けの市場」――。プライム市場のコンセプトについて、東証はこう書いている。

その建設的な対話を阻害し、ガバナンスの歪みとして攻撃の対象になりかねないのが、親会社も子会社も同一市場に上場している、いわゆる親子上場だ。

「高成長が見込める上場子会社ならば、完全子会社化したほうがいい。そうでないならば売却すべきだ」――。グローバルな投資家から、こうした問題提起を突きつけられた場合に、親子上場を続ける合理的な理由を説明するのは難しいはずだ。

さらに、親子上場を続けていると「子会社のガバナンス（統治）に問題があるのではないか」という疑いを投資家に持たれかねない。親会社はいざとなれば、自らの株主利益を最大化するため、上場子会社の少数株主（一般株主）の利益を無視できるからだ。

かつて親会社のヤフー（現・Zホールディングス）が子会社のアスクルと、事業譲渡をめぐり対立。アスクルの取締役再任案を否決に持ち込んだ。このように、上場子会社との利益相反といった問題は、つねに起こりうる。

親会社の時価総額を上場子会社が上回るという異常事態が、ありふれた光景になりつつある日本の株式市場は、グローバル投資家の目にどう映っているのだろうか。

【日本郵政】

日本郵政の子会社のうち、ゆうちょ銀行とかんぽ生命保険の2社が上場している。ゆうちょ、かんぽは移行基準日時点で流通株式比率35％というプライム市場の上場基準を満たしておらず、上場維持基準の適合に向けた計画書を提出している。

このうち、かんぽは2021年5月に郵政から自己株を取得。同年8月には自己株の消却も実施しており、同社の試算ではすでに上場維持基準を満たしている。

問題はゆうちょだ。郵政はゆうちょ株の88・9％を保有している。ゆうちょは4年以内に上場維持基準を満たす計画だ。郵政は中期経営計画で、26年3月までのできるだけ早期にゆうちょの保有比率を5割以下にする方針を掲げている。実現すれば、ゆうちょも上場維持基準を満たす。

だが、郵政が計画どおりに保有株を売却しなければゆうちょは上場廃止となってしまうのに、そのロードマップを示せていない。郵政の経営企画担当者も「現時点で、ゆうちょ株売却に向けた準備を進めている状況にはない」と認める。

ゆうちょは流通株式比率10％台 —日本郵政グループの親子上場の概況—

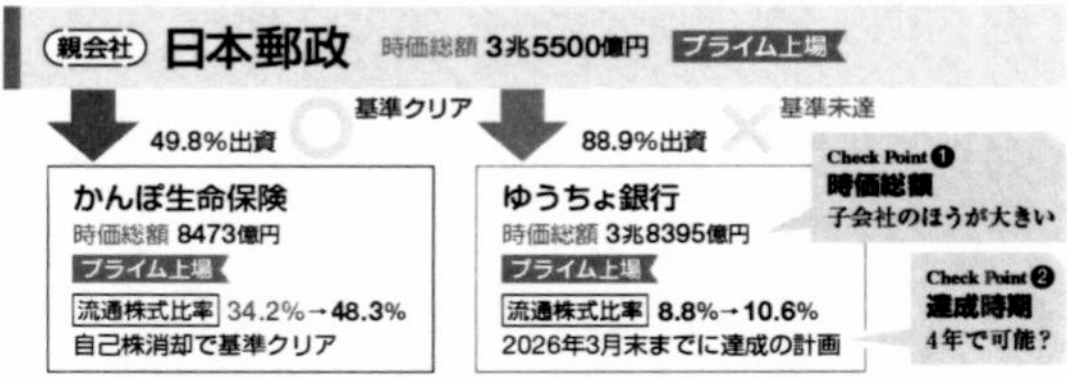

（注）出資比率は2021年9月末時点。⬇は基準クリア、⬇は基準に抵触。時価総額は3月16日時点。赤字は上場基準未達
（出所）各社有価証券報告書・リリース、『会社四季報』を基に東洋経済作成

計画実現には高い壁

郵政にとって障壁となっているのが、低迷が続くゆうちょの株価だ。直近の株価は上場時の初値から3割超下落。2020年9月、郵政は株価低迷を受けて、保有するゆうちょ株の簿価を引き下げ、約3兆円の減損を実施している。

銀行には経営の安定性を保つための自己資本比率規制がある。この比率が下がってしまうため、郵政からゆうちょが自己株を取得するには限りがある。市場売却が不可避だが、郵政側は「今の株価では売却損が出る」と及び腰だ。

ゆうちょ株は上値が重い。郵政の売却方針により、売り圧力がつねに潜在しているからだ。

そもそもゆうちょはプライムに上場すべきだったのだろうか。

郵政民営化法の付帯決議は、ゆうちょ株を「広く国民が所有できるよう努める」ことを求めており、そのために上場している。が、どの市場かは定めがない。ゆうちょは株主も顧客も国内主体であり、プライムのコンセプトとは乖離がある。そしてそれは親会社の郵政にもいえることだ。

（佃　陸生）

【イオン】

約290社の連結子会社を抱える流通大手のイオンは、分権制によるグループ経営が特徴だ。上場子会社15社のうち5社が、上場維持基準の適合に向けた計画書を提出した。親会社イオンの持ち株比率が高く、流通株式比率基準をクリアできなかったからだ。

スタンダード選択が多いイオン —イオンの親子上場の概況—

（親会社）イオン プライム上場 時価総額 親会社 2兆3280億円／上場子会社計 2兆2284億円

Check Point ❶
時価総額
子会社合計が
親に匹敵

基準未達 ×
計画書提出5社

社名	上場市場	時価総額	出資比率	流通 株式比率	流通 時価総額	基準達成目標時期
イオン北海道	S	1731億円	77.4%	12.9%	[illegible]	[illegible]
マックスバリュ東海	S	812億円	69.5%	23.1%	[illegible]	[illegible]
イオン九州	S	712億円	78.9%	13.0%	[illegible]	[illegible]
イオンファンタジー	P	394億円	68.5%	30.7%	[illegible]	[illegible]
サンデー	S	124億円	77.2%	12.3%	[illegible]	[illegible]
	合計①	3773億円				

Check Point ❷
市場区分
流通時価総額
が大きいのに
スタンダード

基準クリア ○
10社

社名	上場市場	時価総額	出資比率
ウエルシアHD	P	6372億円	50.6%
イオンモール	P	3556億円	58.8%
イオンFS	P	2475億円	49.9%
フジ	P	2047億円	51.5%
イオンディライト	P	1676億円	56.2%
ユナイテッドSMHD	S	1430億円	53.7%
ミニストップ	P	431億円	53.8%
キャンドゥ	S	360億円	51.2%
ジーフット	S	133億円	66.9%
コックス	S	31億円	71.6%
	合計②	1兆8511億円	
	①＋②	2兆2284億円	

Check Point ❸
市場区分
時価総額が
大きいのに
スタンダード

（注）時価総額の大きい順。時価総額は3月16日時点。出資比率はイオンの有価証券報告書ベース。上場市場のⓅはプライム、Ⓢはスタンダード。流通株式比率・同時価総額については45ページ参照。赤字は上場基準未達。社名は一部略称
（出所）各社有価証券報告書・リリース、「会社四季報」を基に東洋経済作成

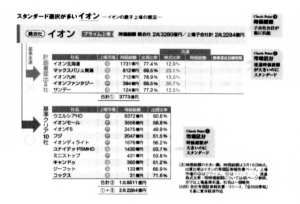

2022年内と、5社の中で最も早い目標達成時期を掲げたのは、食品スーパーのマックスバリュ東海。東証2部からスタンダード市場へ移行した。同社が流通株式比率基準を満たすために行ったのが、「自己株TOB」だった。

21年12月〜22年1月の自己株TOBでは、イオンがマックスバリュ東海の株式を放出。マックスバリュ東海が取得した自己株を2月に消却したことで、基準に達する算段がついた。手元資金が潤沢だったため可能だったこともあるが、自己株TOBはほかの基準未達子会社でも選択肢になりうる。

マックスバリュ東海の流通時価総額は21年6月時点で200億円超と、プライム市場の基準「100億円以上」を満たす。マルエツやカスミなど首都圏の食品スーパーを傘下に持つユナイテッド・スーパーマーケット・ホールディングス(USMH)、イオン北海道の1部上場2社も同様だった。

この3社がプライム市場ではなくスタンダード市場を選択したのは、顧客や株主が海外ではなく自社の事業地域に多かったからとする。とくにUSMHは、プライム市場の基準達成に必須となる35%の流通株式比率の達成に躊躇した。「何十年と取引している取引先株主との関係を大事にしたいと社長が判断した」（ＩＲ担当者）という。

シナジーの説明は乏しい

イオン子会社群の新市場移行へのハードルは総じて高くなかったようだが、問題はその後だ。親子上場を維持するからには、株主に対して一層納得のいく説明を行わなければならないためだ。

中核子会社の一角であるイオンモールは、東証１部からプライム市場に移行した。同社の岩村康次社長は、「上場子会社としてガバナンスを見直す必要はあるが、グループシナジーをいかに出していけるか、堂々と主張していきたい」と決算説明会などで述べてきた。

しかし、証券アナリストの中には、「親子関係がイオンモールの経営判断を阻害してはいないか」と疑問視する向きがある。イオンモールには、イオンの非上場子会社・イオンリテールのＧＭＳ（総合スーパー）がテナントとして多く入る。だが、ＧＭＳ

不振が叫ばれて久しい。集客力などからイオングループ外の人気テナントを入れる選択肢があっても、その判断に踏み切れないのでは、というわけだ。
親会社のイオンは、「上場子会社の独立性や少数株主保護の観点から、独立社外取締役の選任や独立役員による諮問委員会の設置などを上場子会社に要請している」とする。ただ、「親子間取引の情報開示も求められる」（アナリスト）。イオンモールがイオンリテールのGMSからどのくらいのテナント賃料を得ているかなど、より踏み込んだ説明が必要だ。

（緒方欽一）

【ソフトバンクグループ】

通信大手のソフトバンク、ヤフーやLINEを抱えるZホールディングス（ZHD）を傘下に持つソフトバンクグループ（SBG）は、親子上場の代表格だ。このうちプライム市場に移行したZHDは流通株式比率が上場基準に満たず、上場維持基準の適合に向けた計画書を提出している。

ＺＨＤの流通株式比率は現在３３・９％。これをプライムの基準である３５％以上に高めるため、２１年１２月に約６８０億円の自己株買いと、取得した自己株を用いる新株予約権の発行を発表した。

４つある親会社の１つ、Ａホールディングスが直接持つＺＨＤ株のうち１・３５％分を買い取ったうえで、ＢｏｆＡ証券に新株予約権を発行する。予約権がすべて行使されたときに発行される株式数は、今回取得した自己株と同数になる。短期的な需給の悪化を抑えつつＺＨＤ株を市場に放出させる狙いだ。

基準達成の目標時期は２０２４年3月と今後2年かかる見通しだ。これは新株予約権の行使可能期間が発行から2年間のためだという。

SBGは子会社合計が親を大きく上回る ―ソフトバンクグループの親子上場の概況―

(親会社) **ソフトバンクグループ(SBG)** プライム上場

時価総額 **親会社 7兆7860億円／上場子会社計 12兆2399億円**

Check Point❶ 時価総額
子会社合計が親を上回る

基準未達

計画書提出1社

子会社名	上場市場	時価総額	出資比率	流通株式比率	基準達成目標時期
Zホールディングス	Ⓟ	3兆8687億円	65.3%	33.9%	2023年度

⬆①

Check Point❷ 達成時期
1.1%ポイント上げるのに2年

基準クリア7社

子会社名	上場市場	時価総額	出資比率
ソフトバンク	Ⓟ	7兆0801億円	40.9%
ZOZO	Ⓟ	9396億円	50.1%
アスクル	Ⓟ	1510億円	45.0%
バリューコマース	Ⓟ	1091億円	52.0%
SBテクノロジー	Ⓟ	545億円	53.1%
アイティメディア	Ⓟ	326億円	52.5%
ベクター	Ⓢ	43億円	42.4%
	合計②	8兆3712億円	
	①+②	12兆2399億円	

Check Point❸ 時価総額
1社で親に匹敵

Check Point❹ 市場区分
SBG子会社なのにスタンダード

(注) 時価総額の大きい順。時価総額は3月16日時点。上場市場のⓅはプライム、Ⓢはスタンダード。流通株式比率については45ページ参照。赤字は上場基準未達。社名は一部略称
(出所)各社有価証券報告書・リリース、「会社四季報」を基に東洋経済作成

続く親子逆転現象

時価総額に目を向けると、上場子会社8社の時価総額の合計が、親会社ＳＢＧを上回る状態が続く。ソフトバンクの時価総額は、ＳＢＧに迫る勢いだ。

ＳＢＧは「株価については回答を控える」としたうえで、「当社は戦略的投資持ち株会社であり、投資先の株式価値の増大により、重要指標であるＮＡＶ（時価純資産。保有株式価値マイナス純負債）の向上を目指している」とする。

ＳＢＧ単体の主事業は、「ソフトバンク・ビジョン・ファンド」を中心としたベンチャー投資へと大きく変化してきた。２１年来、ビジョンファンドが出資する中国や欧米の新興株は軒並み下落。業績も投資の含み損を反映し、前期比で大幅減益となっている。一方、子会社ソフトバンクは、法人事業や傘下のＺＨＤが好調で業績を順調に伸ばしている。株価の逆転現象はこうした動きに起因する。

上場子会社の中には唯一、スタンダード市場に移行した企業がある。ソフトウェア販売会社のベクターだ。過去にゲーム事業で成長したものの、不正アクセスによる情報流出で失速。18年にソフトバンクの直接傘下となり、同社が展開するサービスの運営受託を増やすも、回復が見えず赤字が続く。親会社のSBGは「上場子会社でありコメントしない」としている。

（中川雅博）

【GMOインターネット】

ネットインフラや金融などを展開するGMOインターネットは、9社もの上場子会社を抱える。このうちネット広告代理店のGMOアドパートナーズと、SEO（検索エンジン最適化）などを手がけるGMO TECHは、流通株式比率が上場基準を満たしておらず、上場維持基準の適合に向けた計画書を提出した。

アドパートナーズは行使価額修正条項付き新株予約権（MSワラント）を発行し、これが行使された場合に自己株を割り当てる手法により、希薄化を抑えつつ、2022年末までに流通株式比率を25・7％に引き上げるという。TECHは大株主による売却の内諾を得ており、22年末までに基準の25％を達成する計画だ。

子会社へのグリップが強いGMO ―GMOインターネットの親子上場の概況―

(親会社) **GMOインターネット**

プライム上場　会長兼社長・グループ代表：熊谷正寿

時価総額　親会社 3144億円／上場子会社計 1兆0920億円

Check Point ❶ **時価総額**
子会社合計が親を上回る

基準未達

計画書提出2社

社名（熊谷氏の兼任肩書）	上場市場	時価総額	出資比率	流通 株式比率	流通 時価総額	基準達成目標時期
GMOアドパートナーズ（会長）	S	67億円	58.3%	21.4%	19.2億円	2022年12月
GMO TECH（会長）	G	15億円	54.1%	24.8%	5.8億円	22年12月

合計① 82億円

Check Point ❷ **達成時期**
年内に達成

基準クリア7社

社名（熊谷氏の兼任肩書）	上場市場	時価総額	出資比率
GMOペイメントゲートウェイ（会長）	P	8528億円	40.7%
GMOフィナンシャルHD	S	951億円	65.3%
GMOグローバルサインHD（会長）	P	597億円	51.8%
GMOフィナンシャルゲート	G	576億円	57.4%
GMOペパボ（会長）	P	120億円	59.1%
GMOリサーチ（会長）	G	38億円	54.5%
GMOメディア（会長）	G	28億円	66.4%

合計② 1兆0838億円

①+② 1兆0920億円

Check Point ❸ **時価総額**
1社で親を上回る

Check Point ❹ **役員兼任**
親会社トップが7子会社の会長

（注）時価総額の大きい順。時価総額は3月17日時点。上場市場のⓅはプライム、Ⓢはスタンダード、Ⓖはグロース。流通株式比率・同時価総額については45ページ参照。赤字は上場基準未達。社名は一部略称
（出所）各社有価証券報告書・リリース、『会社四季報』を基に東洋経済作成

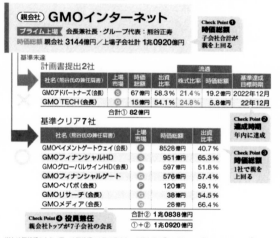

意思決定には参加せず

これだけの数の上場子会社があるのはなぜか。会社側は「ブランド力向上やモチベーション向上による成長加速が狙い」とする。

親会社の熊谷正寿会長兼社長は7つの上場子会社で会長を兼務している。会社側は「各社の意思決定に直接参加するのではなく、経験や知見を伝えるのが目的。グループ全体の企業価値向上のために経営を展開しており、親子の利益相反は想定していない」という。

最も高い時価総額となっているのが決済代行のGMOペイメントゲートウェイだ。グループ内で報酬1億円を超える役員16人のうちペイメントの役員は4人。いずれも株式報酬を含んでおり、株価の上昇が報酬増に直結する。

ペイメント1社の時価総額は親会社を超える。「ソフトバンクとヤフーを見ても過去に親子逆転していた時期がある。今の株価だけを見たコメントは差し控える」としている。

（中川雅博）

流通株式時価総額で上場廃止懸念のある企業

「ほかに選択肢がなかった」。スタンダード市場に移行したある上場企業の幹部はそう明かす。

この企業はもともとジャスダックスタンダードに上場していた。規模も小さく、流通株式時価総額は数億円しかない。経営陣からは「これだけの労力を割いて上場している意味はあるのか」と、上場廃止の選択肢すら議題に挙がっていたという。

だが、「資金的な問題からＭＢＯ（経営陣による買収）での非公開化はできなかった」（幹部）。かといって「ファンドに売却しても転売されるだけでビジネスへの悪影響が懸念される」（同）。結果として、経過措置を適用しスタンダードに移行する道を選ぶしかなかったという。

このように消極的な理由から、スタンダード市場に移行した企業は少なくない。そもそもスタンダード市場の基準はプライムに比べてかなり緩く、流通株式時価総額の基準は10億円。プライム市場の10分の1でいいのだ。それでも、冒頭の企業のように基準を満たせないところが散見される。

プライム市場で基準を下回った場合には、スタンダードやグロースといった下位市場への上場手続きを新たに進める選択肢がある。しかし、スタンダード市場で基準を下回り続ければ、行き着く先は上場廃止しかない。

今回の市場改革ではプライム企業に焦点が当たりがちだが、より大きなリスクを抱えているのは、スタンダード企業のほうなのだ。

そこで前述の流通株式時価総額の試算を、スタンダード市場においても実施した。すでに計画書を提出した企業と、いったんは基準を満たしつつも足元で下回った企業を合わせて、実に131社もの企業が10億円を下回っている。

スタンダード市場を選択した企業は約1470社。約1割が基準未達という惨状だ。

基準に満たない企業が130社以上

流通株式時価総額10億円未満のスタンダード上場企業一覧

順位	社名	流通株式時価総額（億円）	順位	社名	流通株式時価総額（億円）	順位	社名	流通株式時価総額（億円）	順位	社名	流通株式時価総額（億円）
1	倉庫精練	3.19	35	夢みつけ隊	5.76	68	アクサスH	7.45	103	**RISE**	**9.14**
2	ヤマインダ	3.47	36	ユーラシア	5.77	70	**Rプラネト**	**7.54**	104	FRS	9.15
3	マリオン	3.69	37	ZOA	5.82	71	セーラ広告	7.57	105	大阪油化工	9.20
4	ホーブ	3.82	38	植松商会	5.85	〃	ニチリョク	7.57	106	プラクリ本	9.30
5	麻生フオム	3.83	39	ネポン	6.04	73	武蔵野興業	7.58	107	トミタ電機	9.33
6	ラピーヌ	4.09	40	銀座山形屋	6.18	74	協立情報通	7.62	〃	桜井製作所	9.33
7	光・彩	4.28	41	光陽社	6.25	〃	アマテイ	7.62	109	**オービス**	**9.34**
8	fonfu	4.32	42	**ジオコード**	**6.33**	76	ソフィアH	7.75	110	**フェスタH**	**9.35**
9	アズ企画	4.34	43	くろがね工	6.34	77	協和コンサ	7.85	〃	総合商研	9.35
10	ヤマザキ	4.35	44	石垣食品	6.37	78	ムラキ	7.88	112	KG情報	9.36
〃	日出版貿易	4.35	45	川辺	6.42	79	創健社	7.89	113	**リード**	**9.40**
12	フレンドリ	4.46	46	タカチホ	6.55	80	**テクノマセ**	**7.90**	114	**DMソリュ**	**9.47**
13	大和重工	4.53	47	YSフード	6.64	81	宇野沢組鉄	7.98	115	**IPS**	**9.53**
14	アクセスG	4.65	48	RSC	6.68	82	小田原機器	8.03	116	B&P	9.54
15	フジタC	4.68	49	アルエイジ	6.70	83	**ニューテク**	**8.04**	117	**ロブテクス**	**9.55**
16	さいか屋	4.71	50	ジェイHD	6.75	84	**ピーエイ**	**8.23**	118	ハピネスD	9.56
17	**まぐまぐ**	**4.72**	51	Nリンクス	6.76	85	エコミック	8.24	119	カッシーナ	9.58
〃	キャピタ	4.72	52	MICS化	6.81	86	カワセCS	8.35	120	京極運輸	9.62
19	ランシステ	4.77	53	**ぷらっとH**	**6.89**	87	オリチエン	8.48	121	**KYCOM**	**9.65**
20	SLD	4.79	54	中央ビルト	6.93	88	ソケッツ	8.49	122	**エリアクエ**	**9.74**
21	ウィルソン	4.90	55	ジーダット	6.95	89	**エムエイチ**	**8.51**	〃	川口化学	9.74
〃	マツモト	4.90	56	白鳩	6.96	90	**グラフィコ**	**8.52**	124	イクヨ	9.80
23	アウンコン	4.92	57	山大	6.99	91	日本抵抗器	8.59	125	オーケー食	9.88
24	タツミ	4.94	〃	精養軒	6.99	92	JSS	8.80	126	**CVSベイ**	**9.89**
25	東京ボード	4.96	59	サンオタス	7.11	〃	東洋刃物	8.80	〃	ANAP	9.89
26	アルファ	5.03	60	NFC HD	7.13	〃	内海造船	8.80	128	HKS	9.92
27	新東	5.13	61	大村紙業	7.15	95	トーヨーア	8.81	129	キタック	9.93
28	桂川電機	5.18	62	日本色材工	7.21	96	セイヒョー	8.83	130	日本ISK	9.97
29	CSS HD	5.23	63	**リベルタ**	**7.24**	〃	**デュアルT**	**8.83**	131	**コックス**	**9.99**
30	買取王国	5.26	64	**ツクイスタ**	**7.28**	98	**日本精密**	**8.85**			
31	誠建設工業	5.29	65	クリエイト	7.35	99	理研コラン	8.88			
32	JエスコH	5.54	66	日テレホン	7.37	100	日本パワー	9.00			
33	かんなん丸	5.58	67	**MIT HD**	**7.42**	101	日東化工	9.05			
34	ビュー花壇	5.61	68	**ポプラ**	**7.45**	102	**アミファ**	**9.06**			

（注）■で太字の企業は今後、計画書を提出する可能性がある。社名は東洋経済の基準により一部省略　（出所）各社の有価証券報告書、東証の資料や東洋経済の調査を基に東洋経済作成。詳細は47ページ

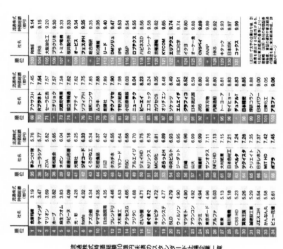

赤字企業がずらり

ワースト1位となったのは合成繊維の染色加工メーカーの倉庫精練。営業利益ベースでは、2012年3月期から10期連続で赤字が続いている。最終利益でも20年3月期、21年3月期と2年連続で赤字を計上し、22年3月期も赤字となる見通しだ。過去には、流通株式時価総額が上場廃止基準に抵触し、上場廃止の猶予期間に入ったこともある。

同社は基準達成に向けた計画書を提出し、経過措置を適用している。達成時期は26年3月期までで、早期の黒字化や安定的な株主還元で株価を引き上げる方針だ。さらに事業会社が保有する株式の放出を要請するなど、流通株式の増加も検討していくとしている。

倉庫精練の幹部は「株価については何もできない。今のところは計画を粛々と進めるしかない」と話す。現在の流通株式時価総額は3億円台。基準達成には3倍以上の株価が必要で、上場廃止の懸念は依然として拭えない。

2位のヤマト・インダストリーはプラスチック部品製造の中堅企業だ。21年3月期は新型コロナウイルスの影響などで、大幅な最終赤字を計上した。足元では希望退職者を募っており、23年3月期の黒字化を目指している。

計画書では「単年度の黒字化だけでは市場の評価が得られない」と厳しい見方を示しており、基準達成時期を27年3月期とした。カギを握るのは、23年以降の立ち上げを目指している「新規ビジネス」。収益を改善できる施策が打ち出せなければ、投資家の評価を得るのは難しいだろう。

一度は基準に適合したものの、株価下落で計画書の提出予備軍となった企業にも注意が必要だ。コンピューター関連機器販売のぷらっとホーム(53位)は、2000年7月の上場後、初年度の01年3月期こそ最終利益を計上したが、以降は最終赤字が続いている。その期間はなんと、20期連続。上場企業で最も長い連続赤字だ。

同社幹部は「もし基準を下回れば計画書を出すことになるため、内容を検討している」という。一方で、赤字幅は縮小傾向にある。21年3月期は1億2400万円の赤字だったのに対し、今期の予想は3400万円の赤字となっている。このペースで改善ができれば、連続赤字の脱出も見えてくる。同社の上場維持は早期に黒字化を実現できるかに懸かっている。

こうしたスタンダード市場の実態から、「基準が甘すぎて、投資家から〝ゴミため〟とみられかねない」（スタンダード移行企業の幹部）と、東証に対して苦言を呈する向きもある。非上場中小企業の社長からも「正直うちより小さい会社も多い。本当に投資家にとって魅力的な市場なのか」と疑問の声が聞こえてくる。上場のあり方について改めて考えていく必要がある。

（藤原宏成）

ここがダメだよ東証改革

東証は市場再編について解説する特設ウェブサイトで「東証新市場区分がよくわかる！　3匹のこぶた物語」というマンガを公開している。

その内容は、新たな市場区分の名称にちなんでプライムこぶた、スタンダードこぶた、グロースこぶたが登場し、「不景気オオカミ」と対峙するというもの。童話「3匹の子豚」では1匹目と2匹目の子豚の家がオオカミに襲われ吹き飛ばされるが、東証版では3匹とも無事という展開だ。

上場企業を「こぶた」に例えて、軽くいじるかのようなセンスもさることながら、内容にも苦しさが見え隠れする。スタンダードこぶたは、不景気オオカミに襲われても大丈夫な理由を「余裕余裕！日本の安定・安心はそれを支える技術あってこそ」「そしてつねに進化するからね」と説明するが、いま一つ要領を得ない。

漢字にルビが振ってあるわけでもなく、子ども向けコンテンツではなさそうだ。いったい誰に向けた、何のための情報発信なのだろうか。

届かぬ上場企業の本音

コミュニケーションの不足はあちこちで顕在化している。上場企業の財務担当者に市場再編について聞いてみると、思わぬ答えが返ってきた。「もっとはっきりした基準で切ってくれたらよかった。表だって言えないけどこんな基準では意味がないとみんな思っている」（金融業・プライム上場）。「当社の規模でソニーグループやトヨタ自動車と同じ市場というのは違和感がある」（外食・プライム上場）。といった具合で、経過措置の導入や上場基準が想定より低かったことに感謝する意見はほとんどなかった。

海外の投資家に向けた情報発信も不足している。「（東証の再編について）グローバルでは話題になっていない。日本（企業）はもっと変化を見せていく必要がある」（ブラックロック・ジャパンの福島毅CIO）。「今回の改革に対して、海外の機関投資家からは何の反応もない。興味もないというのを肌で感じている」（機関投資家関係者）。

学識経験者も同様だ。「市場区分の見直しは大山鳴動してネズミ一匹という感じで、小さな改革で終わってしまった。TOPIXベースでも99％状況が変わらない。時価総額1000億円などの基準で落としてしまうということを宣言するべきだった」（京都大学・川北英隆名誉教授）。

個人投資家への取材でも「市場再編をやる意味があったのか」「プライムは玉石混淆のままでまったく再編になっていない」と批判的なコメントが相次いだ。上場企業のガバナンスについても「ルールは立派だが、守られているとは思えない」と手厳しい。

「不景気オオカミ」の襲来に備えて、東証はまず足元の課題認識から始めるべきだ。

（梅垣勇人）

「市場再編はスピード不足　株主の権利を軽視するな」

マネックスグループ　CEO・松本　大

今回の市場再編の議論は、投資家目線で、リスクを取る人にとって使いやすい市場にしようとしてスタートしたはずだ。取引所だけではなく政府も資本市場改革に向けて旗を振ってきた。

しかし、結果として発行体の事情や要求に耳を傾けすぎた。一例が経過措置の存在だ。日本の資本市場で「当分の間」というと、永遠を意味する。市場は生き物なのだから、いったん決めたルールが例えば２０年も変わらなければ、必ず陳腐化してしまう。

そもそも取引所のカテゴリーを見直すだけで、５年もかかってしまうのがおかしい。

この数カ月でとくにそう感じているが、国の制度や外交のあり方、国と国との関係すらアジャイル（機敏）に変わっている。

市場区分の見直しは、本来なら半年で制度を議論し、半年で実行すべきことだ。さらにその後毎年アップデートするぐらいでなければならない。資本市場のダイナミズムをわかっていないのではないか。自分がやってきたことを平気で否定するぐらいの勢いで考えてほしいものだ。

われわれの競争相手は海外の企業だ。本来、日本の取引所は日本企業がグローバルに戦えるためのプラットフォームを用意するべきだ。だが、「ウチの業界はそういう会計ルールでは困る」とか「ウチの会社では市場区分をそんなふうに変えられると困る」といったことで発行体と投資家、違う業態同士の利害調整にとどまってしまった。

取引所だけではなく、会計基準や税制のあり方でも日本は遅れている。欧米の企業が普通にやる企業活動が、日本の取引所や会計基準を使っている日本の企業にはできないという問題が起きている。こうした課題についても考えていく必要がある。

日本の資本市場を活性化するには、法律で書かれている株主の権利を本当に守ることが必要だ。資本市場の基盤は資本家、株主だ。この人たちの権利が軽視されているから、日本の資本市場はどこかでダメなままだ。

例えば、時価総額が純資産の価値を下回るPBR（株価純資産倍率）1倍割れの企業がなぜこんなにたくさん上場しているのか、という議論がある。

低PBRの企業を買って清算すれば投資家が利益を得られるなら、PBRが0・4倍の企業が上場しているはずがない。理論的には給料など支払わないといけない債務があるとしても、0・9倍ぐらいでバラバラにできるだろう。

だが、実際にはそうなっていない。法律上は株主が何でもできるように書いてあるが、何らか（の規制）で止められてしまう。だから低PBRの企業がなくならないし、（市場全体の）株価もずっと低いままになっている。

不正の調査が手ぬるい

不正会計の問題も根深い。直近の案件については金融庁や東証の幹部に対して「海外の投資家や個人投資家から笑われていますよ。何も言わないのですか」と働きかけているが、あまり動きがない。日本証券業協会でも調べているようだが、徹底して調査するべきだ。

つぼの中にアメがたくさん入っているのを想像してほしい。その中に1つでも毒入りのものがあったら、どれも食べられないでしょう。上場市場とはそういうものだ。監査法人や取引所、主幹事証券による審査のあり方を見直して、不審なものが1つもありませんという状況にしなければならない。

（構成・梅垣勇人）

松本　大（まつもと・おおき）

1987年東京大学法学部卒業、ソロモン・ブラザーズ・アジア証券入社。ゴールドマン・サックス証券を経て99年にマネックスを創業。

INTERVIEW

「上場企業数が多いほど儲かる構造に原因」

アストナリング・アドバイザー代表・三瓶裕喜

東証自身の長期戦略が存在しない中で、市場区分やＴＯＰＩＸ（東証株価指数）見直しの議論が進んでしまった。

とくにスタンダード市場の位置づけが不明だ。市場区分を３つにすると、必ず中間ができる。「プライムほどじゃないから中間にいよう」とか、「グロースほど成長しようという野心がない」という企業の受け皿になってしまう。

東証のビジネスモデルでは上場企業が多いほど利益が出る。企業を上場廃止にすることがこれまでもできてこなかったが、上場企業が増えることはよいことだという発想から脱却できていない。

TOPIX改革を急げ

ＴＯＰＩＸの見直しは早急に進めるべきだ。上場企業の株主構成を見ると、株価指数に連動した値動きを目指すインデックスファンドが幅を利かせている。インデックスファンドは議決権行使をすることはできても、指数に組み入れられている企業に投資しないとか、反対にもっと買うといったことができない。上場企業の新陳代謝が進まない原因の1つだ。

組み入れ企業数の上限を定め、定期的な銘柄入れ替えを資本コストを意識して行えば、企業は指数に選ばれるために競争する。指数に残り続けるために、企業は必死で中長期の稼ぐ力を伸ばす施策を考えるだろう。そうすれば市場全体の時価総額は上がっていく。

欧州でも注目企業は主な市場でそれぞれ１００社程度。経済が成熟する中で、日本も上限についての議論を始めるべきだ。

（構成・梅垣勇人）

三瓶裕喜（さんぺい・ひろき）

外資系ファンドのマネジメントなどを歴任。金融庁「市場構造専門グループ」のメンバー。

INTERVIEW

「取締役に株主の利益最大化を誓約させよ」

ストラテジックキャピタル代表・丸木　強

投資先としての日本の魅力がなくなってきている。世界全体の株式時価総額に占めるシェアがかつては30％ほどあったが、最近では5％前後だ。海外投資家にとっては（日本は）投資をしないことのリスクがない市場になった。海外の機関投資家には「日本株に投資しようと提案するのは自分のキャリアにとってリスク」との意見もある。

米国は上場企業の時価総額が1990年代後半と比べて10倍になった。一方で日本はほとんど増えていない。経営者が時価総額を増やそうという努力をしておらず、株主もそれを認めてしまっているからだ。

取引所としてこの問題の解決に当たるなら、上場審査時に資本コスト以上のリターンを計上できる合理的な見込みがあることを求めてはどうか。昔から安定的に利益が出せることを求めるガイドラインはあるが、これでは不十分だ。

さらに、新規上場企業の取締役全員に対してコーポレートガバナンスや株式会社の責務についての研修を義務づける。取締役には「株主に選任されている以上、株主利益の最大化に向けて努力する」という誓約書を書いてもらうべきだ。

東証は上場企業にコーポレートガバナンス報告書を提出させているのだから、内容を確認するべきだ。例えば取締役を選ぶのは指名委員会だと書いてあるのに、実際には特定の企業や官庁、銀行から天下りをずっと受け入れている企業が複数ある。

ルールを順守しているフリでうそをつく「ガバナンスウォッシュ」を野放しにしてはいけない。

（構成・梅垣勇人）

丸木　強（まるき・つよし）

1959年生まれ。82年東大法学部卒。野村証券入社。99年M&Aコンサルティング設立。2012年ストラテジックキャピタル設立。

「制度設計の速度を上げより柔軟に変えていけ」

氏家経済研究所 代表・氏家純一

東証の本来的な役割は大きく2つある。1つは価格発見機能を充実させリスクマネーを効率的に配分することだ。もう1つは企業や産業の情報の効率的な発信・伝達を促して、企業価値を向上させることだ。今回の市場再編はこうした役割の向上に資するものに違いない。

企業価値の向上は、資本市場の言葉に言い換えれば時価総額の増大だ。今回の市場再編は、時価総額増大のプレッシャーが経営者に強くかかるようになっている。

これまでは、上場時に比べると上場維持の基準が緩かった。だが今回の市場再編で、これからは上場時も上場後も同一基準になる。これは大きい。「計画書を出せば経過措置で上場を維持できるというのは甘いのでは」という批判もあるが、この「計画書」は一般に公開され、実行状況の開示も義務づけられている。その精神的圧力は上場企業の経営者にとって大きい。上場してすぐにプレッシャーがかかるから、基準ギリギリで上場する会社は減るだろう。

市場再編を進めたからといって東証の時価総額全体が増えるわけではない。時価総額を増やすエンジンは株式市場に資金を供給する投資家、そして資金を活用する発行体、すなわち上場企業だからだ。

優れた企業へ資金が回るようにするには、投資家が洗練されていなければならない。東証で投資家に占める比率が高いのは個人だ。個人がリスクを取れるよう、金融教育を進めなければいけない。

求められる覚悟

2022年から高校で金融教育が始まるが、いかにも遅い。金融教育のプログラムもてんでんばらばらだ。東証や金融広報中央委員会、日本証券業協会、投資信託協会が個々に作っている。リスクの取れる個人投資家を本気で育てようという腹の据わった覚悟が見えてこない。

国内の機関投資家もリスクに臆病な傾向がある。米国にはリスクを取って中小企業へ投資し、大企業に育つまで待つ機関投資家がたくさんいる。だが、日本の機関投資家では多くのファンドマネジャーはリスクを取ろうとしない。大きなリターンを会社にもたらしても、運用者個人にエクストラリターンはない報酬体系になっているからだろうが、ここを変えないといけない。

上場企業の新陳代謝が少ないのも問題だ。海外のような多産多死になっていない。米国は時価総額上位50社の顔ぶれが、30年前と現在とで大きく異なるが、日本ではあまり変わっていない。

日本経済団体連合会は3月15日に、2027年までにスタートアップやユニコーン（設立10年以内で企業価値1000億円以上の未上場企業）の数をそれぞれ今の10倍に増やすビジョンを掲げた。5年以内という期限を定めたのは画期的だ。期限を決めて新陳代謝を促す覚悟が東証にも必要だ。

今回の市場再編の決定プロセスも遅いといわざるをえない。市場の構造は急速に変化し、市場のプレーヤーも急速に変わっている。それなのに審議会の手順を踏むなどで5年もかけた。民主的なプロセスを踏むのは重要だが、案件によっては期限を定めて制度設計の速度を上げないといけない。

東証の市場区分変更は、1961年に2部を創設してから実に約60年ぶり。資本市場の変容スピードに応じて制度を変える仕組みになっていないのは主要な資本主義国で日本だけだ。これからは変化に即応して柔軟に変えていくべきだろう。

（構成・梅垣勇人）

氏家純一（うじいえ・じゅんいち）

1945年生まれ。75年米シカゴ大博士課程修了後に野村証券入社。97年社長。日本経済団体連合会副会長、東大金融教育研究センター長、東京女子大理事長を歴任。

ＪＰＸの企業統治は課題山積

「日本取引所グループ（ＪＰＸ）はコーポレートガバナンス・コード（企業統治指針）を作成し改訂している立場で、ガバナンスの理想を自ら主体的に体現すべき組織。それなのにこれは異例なガバナンスだ。期待外れであり、これではほかの上場企業のガバナンスがよくなるわけがない」

ガバナンス研究が専門の安岡孝司・芝浦工業大学元教授は、本誌が作成した次表を見て、ため息交じりにこう話す。

このガバナンスで上場企業の手本となれるか

―JPXグループの取締役・執行役・執行役員―

凡例：□ 社長・理事長　○ その項目に該当　● 議長　◎ 委員長

保有株の時価(万円)	社外取締役の保有株数(株)	委員会 指名委員	委員会 報酬委員	委員会 監査委員	取締役 社外	取締役 社内	執行役	取締役・執行役氏名	出身母体など	社外取の就任社数	取締役・執行役就任年	東証 取締役	東証 執行役員	大阪取引所 取締役	大阪取引所 執行役員	東京商品取引所 取締役	東京商品取引所 執行役員	日本証券クリアリング機構 取締役	日本証券クリアリング機構 執行役員
563	2,500				●			津田廣喜	旧大蔵省	1	2015年								
		○	○			○	○	清田 瞭	大和証券	—	13年	○非							
			○			○	○	山道裕己	野村証券	—	13年	□	□						
						○	○	岩永守幸	生え抜き	—	08年			□	□	●	○		
						○	○	静 正樹	生え抜き	—	07年							□	□
563	2,500		○	○	○			C・アメージャン	大学教授	4	14年	三菱重工、住友電工、アサヒGHDの社外取締役							
900	4,000	○			○			遠藤信博	NEC	3	18年	大日本住友製薬、東京海上HDの社外取締役							
1,238	5,500	◎			○			荻田 伍	アサヒGHD	1	16年	アサヒGHD元CEO							
833	3,700			○	○			幸田真音	作家	3	16年	JT、三菱自工の社外取締役							
1,486	6,600	○	◎		○			小林栄三	伊藤忠商事	3	16年	オムロン、JALの社外取締役・伊藤忠元会長							
0	0			○	○			竹野康造	弁護士	0	21年	森・濱田松本法律事務所のパートナー							
				○		○		美濃口真琴	生え抜き	—	17年	東証監査役							
1,126	5,000		○	◎	○			森 公高	会計士	4	16年	三井物産、JR東、住友生命の社外取締役・日本公認会計士協会元会長							
1,238	5,500	○			○			米田 壯	警察庁	2	15年	丸紅社外監査役、公共政策調査会理事長、元警察庁長官							
							○	横山隆介	生え抜き	—	11年	○	○		○				
							○	井阪喜浩	旧大蔵省	—	13年		○		○				
							○	長谷川 勲	生え抜き	—	14年		○		○				
							○	二木 聡	生え抜き	—	15年							○非	
							○	石崎 隆	旧通産省	—	20年					□	□		
							○	田端 厚	生え抜き	—	16年								

監督官庁出身（津田廣喜、井阪喜浩、石崎隆）

①経営と執行が分離していない
②子会社の兼任が多い
③CEOが指名・報酬委員を兼任
④社外取が9人もいる
⑤アサヒGHDの関係者が社外取に2人
⑥兼任が多い
⑦社外取のうち4人の保有JPX株の時価が1000万円台

(注)「保有株の時価」は3月18日終値ベース。肩書のうち委員会設置会社であるJPXの業務執行役は「執行役」、それ以外は「執行役員」。「社外取の就任社数」にはJPXを含む。「非」は非常勤。岩永氏・静氏は前身の東京証券取引所グループ時代から執行役員や執行役に就任。社名は一部略称

(出所)JPXホームページ、同「株主総会招集通知」「有価証券報告書」を基に東洋経済作成

真っ先に目に飛び込んでくるのは、序列上位の社内取締役が業務執行役を兼任している点（表中①）。

そもそもJPXは、指名委員会等設置会社である。同設置会社は経営の透明性が高い体制といわれ、業務執行と経営の監督とをすみ分けている企業が少なくない。審判をしながら選手としてプレーするようなことになり、業務執行に対する監督が機能不全に陥るからだ。

JPXではあろうことか、清田瞭CEO、山道裕己COO、岩永守幸取締役、静正樹取締役までの上位取締役4人が、執行役を兼任しており「経営と執行の分離ができていない」（安岡氏）。

執行役員制度を導入している子会社の東証や、大阪取引所など主要子会社もJPXと似たような状況だ。トップが取締役と執行役員を兼ねている。親会社と子会社の役員兼任も少なくない（表中②）。

経営トップの清田氏が指名委員会や報酬委員会など重要な委員会の委員なのも気がかりだ（表中③）。トップが指名委員や報酬委員を兼ねるのは、東芝などの不祥事企業で多く見られた。ガバナンスの形骸化につながりかねない。

2月に新年度の役員体制を発表した際、清田氏は自身の続投が決まったことについて、「指名委員会で議論はございません」と会見で発言している。清田氏の発言が事実なら、任期が1年なのにもかかわらず、議論なく続投が決まったということになる。

社外取締役に目を転じると、さらに深刻な状況が浮き彫りになる。

まず社外取が9人もいる（表中④）。が、多ければ多いほどよいというわけではない。安岡氏は、「上限はせいぜい5人。6人以上だと個々の責任感が薄まるし、名前貸しや甘えも生じがち」と指摘する。

しかも社外取の中に、アサヒグループホールディングス（GHD）の関係者が2人いる（表中⑤）。アサヒGHDの元CEOで現在は相談役の荻田伍氏と、アサヒGHD社外取のクリスティーナ・アメージャン氏だ。

アメージャン氏は2014年にJPX、19年にアサヒGHDのそれぞれ社外取に就任している。荻田氏がJPXの社外取に就任したのは16年だ。

「同じ会社の取締役や元取締役が2人も社外取に入っているのは珍しい。社外取は

一般株主の利益保護のために存在する。この趣旨からすると、誤解を受けやすい体制といえる」(安岡氏)

一方で東証、大取、東京商品取引所、日本証券クリアリング機構といった主要子会社には、社外取が1人もいない。判で押したように2人の社外監査役がいるのみだ。持ち株会社体制においては、主たる事業は子会社が担っている。事業経営を監視するためには、子会社に社外取を置くことが重要だが、JPX子会社では社外取による監視体制が未整備だ。

さらに、JPXは社外取の兼任の多さにも問題がありそうだ(表中⑥)。「社外取の兼任はせいぜい2~3社が限度」といわれている中、アメージャン氏はJPXやアサヒGHD以外にも三菱重工業や住友電気工業といった大企業の社外取を務めている。合計で4社だ。

NEC会長の遠藤信博氏は兼任が3社。一見すると「2~3社」という相場の範囲内に収まっている。が、現役の大企業会長として社外取を3社も兼任する余裕が、はたしてあるのかどうか。

その遠藤氏は、清田氏が社内規定に反し上場インフラファンドを購入していたことが発覚した、18年秋に指名委員だった。清田氏は2銘柄、1・5億円分を購入。「CEOを辞任すべきではないか」とメディアは迫ったが、当時の結論は「退任するほどではない」というものだった。

遠藤氏は「清田氏は内規を本当に知らなかった。『清田氏は辞めるべき』という意見は出なかった」と語っている。当時も今も清田氏は指名委員の一人。それが清田氏自身の処分をめぐる議論にどう影響したかは不明だ。

実は、21年に就任したばかりの竹野康造氏（弁護士）を除き、社外取の全員がJPX株を保有している。荻田氏や伊藤忠商事出身の小林栄三氏、会計士の森公高氏、警察庁出身の米田壯氏の保有JPX株は、それぞれ時価1000万円超（表中⑦）。遠藤氏や作家の幸田真音氏も1000万円近い。

「経営への監視が甘くなるので、社外取締役に業績連動報酬は設定されていないのが一般的。しかし多額の株式を保有していれば、株価の変動分が業績連動報酬の意味を持つ。保有額の基準は時価でせいぜい1000万円が上限だ。これ以上保有してい

ると、あまり身ぎれいな感じがしないからだ」（安岡氏）

現在も多い天下り

さらにＪＰＸは、財務省（旧大蔵省）や金融庁をはじめ、中央官庁からの天下り受け入れ機関という顔も持っている。

もともと、東証トップのいすは大蔵事務次官の指定席だ（表中⑧）。１９６７年に森永貞一郎氏が就いて以降、５代にわたり同次官が東証トップを務めている。その後を継いだ土田正顕氏は同次官ではなかったが、やはり旧大蔵省出身で、元国税庁長官だった。

ＪＰＸは現在も官僚の一大天下り先だ。ＪＰＸ取締役会議長の津田廣喜氏は元財務事務次官（図中⑨）。子会社の日本取引所自主規制法人では元金融庁長官の細溝清史氏が理事長を務めている（図中⑩）。

■ 現在も天下りを多数受け入れ
—JPXグループの官庁出身役員—

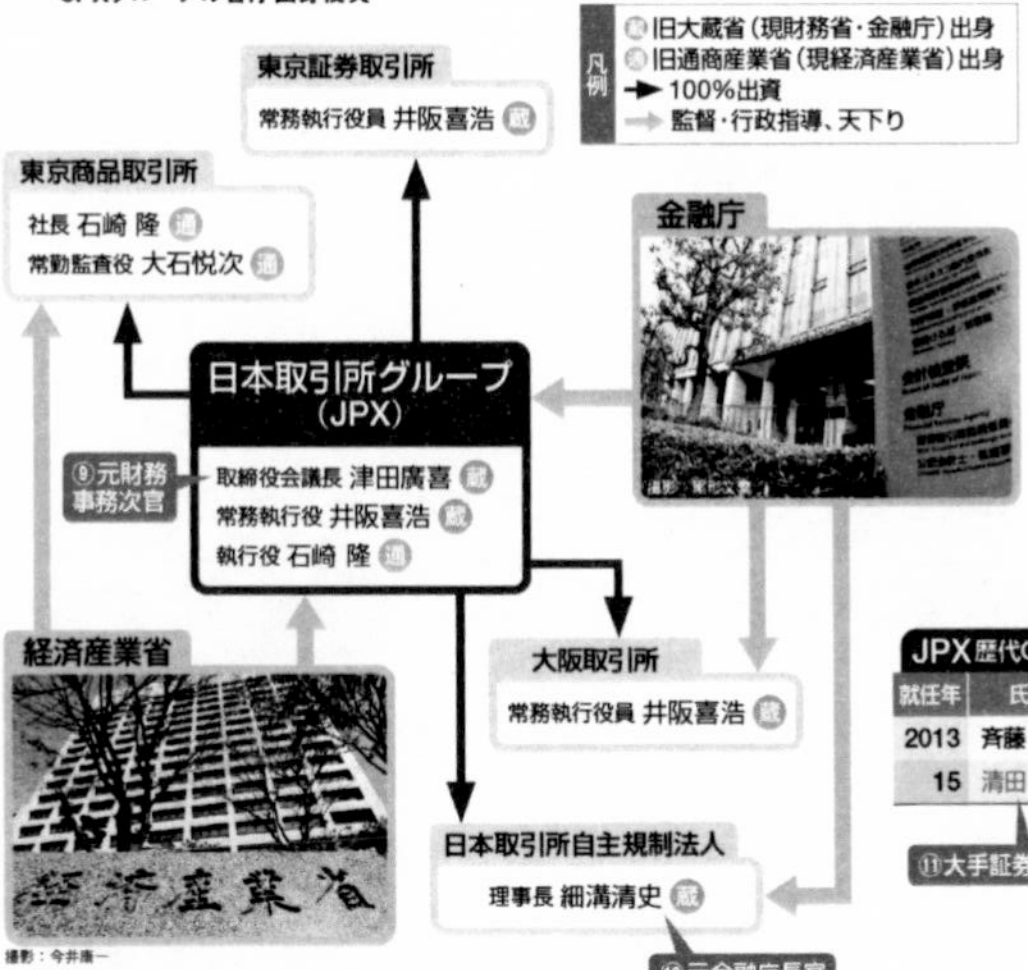

撮影：今井康一

（出所）JPXホームページ、同「有価証券報告書」を基に東洋経済作成

■ 大手証券出身者が増えた
—東証・JPXの歴代トップ—

東証 歴代トップ

就任年	氏名	出身母体
1949	小林光次	明和証券
55	玉塚栄次郎	玉塚証券
57	藍澤彌八	藍澤証券
61	井上敏夫	日本銀行
67	森永貞一郎	旧大蔵省
74	谷村 裕	旧大蔵省
82	竹内道雄	旧大蔵省
88	長岡 實	旧大蔵省
94	山口光秀	旧大蔵省
2000	土田正顕	旧大蔵省
04	鶴島琢夫	生え抜き
05	西室泰三※	東芝
07	斉藤 惇	野村証券
13	岩熊博之	生え抜き
13	清田 瞭	大和証券
15	宮原幸一郎	生え抜き
20	清田 瞭※	大和証券
21	山道裕己	野村証券

⑧かつては大蔵事務次官の天下り指定席

元国税庁長官

引責辞任

JPX 歴代CEO

就任年	氏名
2013	斉藤 惇
15	清田 瞭

⑪大手証券出身

（注）2001年以前は理事長、以降は社長。※は社長辞任を受け兼任。宮原氏は中途入社。赤字は現職。社名は一部略称　（出所）JPX「有価証券報告書」などを基に東洋経済作成

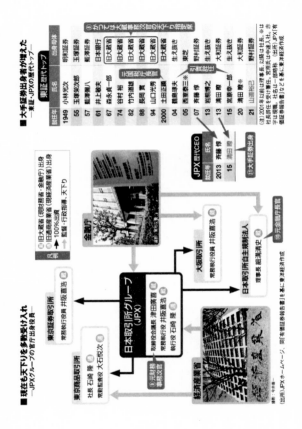

前図のうちJPXや東証、大取で常務執行役や同執行役員を兼任していた井阪喜浩氏は3月末に退任した。が、代わって旧大蔵省出身の吉田正紀氏が4月1日付でJPXの執行役に就任した。旧大蔵省枠はいまだ健在のようだ。

東京商品取引所を子会社化し総合取引所とした結果、経済産業省（旧通商産業省）からも天下りを受け入れるようになった。商品取引所は経産省が監督官庁の1つだからだろう。

東証の社長は2007年以降、大手証券会社出身の人物が多い。JPXは13年の設立以来、歴代CEOは大手証券出身者のみだ（図中⑪）。

「JPXや東証の経営トップが証券会社出身者である場合、証券業界に便宜を図りがちなのではないか」（安岡氏）という見方もある。

天下りや証券会社以外から選ぶとなると、目を皿にして後継者を見つけてくるほかない。まさに指名委員会の出番だが、前述のとおり指名委には期待できそうにない。

今なお続くお上頼み

上場企業にガバナンス強化の旗振りをする側でありながら、ＪＰＸ自体の経営体制にはなぜここまで突っ込みどころが多いのか。

背景にあるのは、当事者意識の欠如や主体性のなさだ。これらはお上頼みの体質が抜けていないことの証左でもある。

今回の市場区分変更では、検討に着手した当初、「取引所のルールなのだから取引所が独自に決められる」と、主体性を強調していた。だが、経済界からの強い反発を受けた途端にしゅんとなり、上場基準の情報漏洩もあって、金融審議会に議論を丸投げしている。

ＪＰＸは4月4日に、より強固なガバナンスが求められるプライム上場企業になった。はたして今後自らを厳しく律し、上場企業の手本となるガバナンスを構築・実践できるようになるのだろうか。

（山田雄一郎）

上場廃止は近年まれに

上場前から粉飾　「廃止」ためらう東証

東証1部に上場し、高成長企業としてもてはやされていた産業機械向けマニュアル作成会社、グレイステクノロジー。年率3割の増益を続けたことで、2021年8月には「JPX日経中小型株指数」の組み入れ銘柄に選ばれた。

ところが、そのわずか半年後の22年2月28日、グレイスは上場廃止になってしまう。きっかけは粉飾決算だ。

1月27日付の特別調査委員会の報告書によれば、架空売り上げによる粉飾を画策したのは創業会長の松村幸治氏。実行役は営業部員L氏だった。

グレイスでは、正式な受注獲得前に売り上げを計上。もし受注できなかった場合は、グレイスの役員やL氏が顧客名義で自社に現金を振り込んだ。顧客の存在する地域にわざわざ赴き、地元の金融機関で入金する周到さだった。

入金する現金は、自社株の売却で捻出していた。グレイスの役職員にはストックオプションが交付されており、会社が好業績を達成すれば行使可能になる同オプションを、タダ同然で行使。自社株を手にしていたという。

実態把握のために、監査人から「確認書」がグレイスの顧客に送付されたこともあったが、L氏が先回りし顧客先から回収。売り上げに実体があるかのように装って回答していたことも判明している。

そうして16年のマザーズ上場前から粉飾を繰り返し、架空売り上げは期を追うごとに膨らんでいった。21年3月期には売り上げの過半が架空だった。

実行役のL氏は20年12月に退職。粉飾スキームを取り仕切ってきたとされる松村氏は21年4月に死去した。外部から粉飾の疑いを告げられ、社内を調査し始めたのはその後のことだ。

グレイスについて、日本取引所グループの清田瞭CEOは、記者会見で「言語道断で遺憾。悪質性が確認されれば上場廃止になる」と述べていたが、上場廃止は東証の決断によるものではない。単にグレイスが期限までに決算を発表できなかったからだ。

粉飾はやった者勝ち？

一方で、グレイスのように上場前から粉飾していた会社が、上場廃止になる事例は近年ではほとんどない。事実、不適切会計が発覚した教育テックのエデュラボ（EduLab）や住宅コンサルティングのハイアス・アンド・カンパニーは上場廃止になっておらず、東証1部からマザーズへの降格にとどまっている。

さらに言えば、東証は3月25日時点で、特設注意市場銘柄にエデュラボを指定していない。特注銘柄とは、内部管理体制などに問題を抱えていることを、投資家に注意喚起するためのものだ。注意喚起が不要なほどエデュラボの管理体制が改善されたのかは、いまだ判然としない。

■粉飾が発覚しても近年は上場維持されがち
—上場前から不正会計をしていた東証上場企業—

社名	上場市場	新規上場	不正発覚	上場廃止
グレイステクノロジー	1部	2016年	2021年	2022年
EduLab	マザーズ	18年	21年	—
ハイアス&カンパニー	マザーズ	16年	20年	—
UMCエレクトロニクス	1部	16年	19年	—
ジャパンディスプレイ	1部	14年	19年	—
エフオーアイ	マザーズ	09年	10年	10年
シニアコミュニケーション	マザーズ	05年	10年	10年
アソシエント・テクノロジー	マザーズ	03年	04年	05年
アイ・ビー・イーHD	マザーズ	02年	04年	09年

(注)2000年以降で新規上場年が新しい順。社名は上場当時のもので一部略称。上場廃止は必ずしも粉飾が理由ではない。上場市場は3月28日時点または廃止時点

上場前から粉飾をしながらその後の市場対応に疑問符がつく銘柄は、ほかにもある。中小型液晶パネル製造大手のジャパンディスプレイ（ＪＤＩ）だ。調査した第三者委員会は「意図的かは不明なので、上場前は誤謬と認定」としているが、不適切な会計処理が上場前から行われていたことに変わりはない。

ＪＤＩは在庫の過大計上などで、営業赤字を少なく見せかけたことに加えて、１９年3月期に債務超過に陥ったことも隠していた。それでも上場廃止にならないのであれば、粉飾はやった者勝ちということなのか。

（山田雄一郎）

東証　失敗と妥協の20年

「失われた20年」――。これまでの東証の歩みは、まさに失敗と妥協の連続だった。その歴史の起点は、日本版金融ビッグバンが始まった2000年前後にさかのぼる。

1999年6月。ソフトバンク（社名は当時。以下同）の孫正義社長がNASD（全米証券業協会）や大証と組み、ナスダック・ジャパン（NJ）構想を発表した。普段は腰の重い東証だが、このときは機敏に反応。NJの取引開始に先駆けて同11月にマザーズを開設。同12月に取引を開始した。

東証幹部は当時、「ベンチャー市場の構想はもともと東証にあり、準備もしていた。ナスダック上陸の影響？　マザーズ開設を半年早めた程度かな」と打ち明けた。

ただ、それは拙速だったと言わざるをえない。マザーズ上場第1号の2社は大きく成長することなく、どちらも上場廃止となったからだ。

インターネット総合研究所（IRI）は子会社アイ・エックス・アイで循環取引が発覚。リキッド・オーディオ・ジャパンは反社会的勢力とのつながりが疑われ、元社長らが逮捕された。最後は上場維持に必要な株式代行事務手数料すら、信託銀行に払えなかった。

1部上場企業を粗製濫造

ナスダックという世界的なブランドに対抗するために利用したのが「1部上場企業」という金看板だった。マザーズ上場企業に限り、1部上場基準を大幅緩和したのだ。

通常250億円以上が必要な時価総額を、マザーズ上場企業には40億円で「裏口入学」することを許した。「マザーズは1部上場への近道」と、東証は起業家へ猛烈にアピールした。

この優遇策はＮＪとの市場間競争上、東証にとってプラスだった。だが、結果として時価総額が小さい1部上場企業を粗製濫造することとなった。

２００２年にＮＡＳＤは日本から撤退。ナスダックブランドへの対抗策は不要になった。だが、マザーズ上場企業への1部上場優遇はそのまま残された。１３年に東証グループは大証と合併。マザーズ優遇を見直す絶好の機会と思われたが、当時は大証の１・２部との統合だけで終わってしまった。

東証が市場区分見直しの一環として、マザーズ優遇策廃止の検討を始めたのは１８年になってからだ。そこから実に足かけ5年も費して、２２年４月４日にマザーズ企業への優遇はようやく廃止された。

曖昧さ増した廃止ルール

２００６年1月。ライブドア本社に不正会計の容疑で東京地検特捜部の強制捜査が入ると、まだ裁判も始まっていない段階で、東証は上場廃止を同3月に決定した。一方、同年12月に不正会計が発覚した日興コーディアルグループを、東証は上場廃止にはしなかった。

ともに不正会計事案にもかかわらず、なぜ対応が分かれたのか。多くの一般投資家が抱いた疑問について、納得するような丁寧な説明は、東証からはついぞなかった。

実は04年にも似たようなことがあった。どちらも株主名義の偽装でありながら、西武鉄道は上場廃止の一方、日本テレビ放送網は上場廃止を免れている。

この頃、上場廃止をめぐって金融庁から注文がついていた。産業再生機構が経営支援に入ったにもかかわらず、再建中のカネボウを東証が上場廃止にしたからだ。金融庁は「対応が硬直的」と難色を示した。05年のことだ。

東証が訴訟リスクに過敏にならざるをえない出来事もあった。07年に大証上場のサンライズ・テクノロジーが、上場廃止処分に訴訟で抵抗。棄却されたとはいえ、「うかつに上場を廃止すれば訴えられると肝を冷やし、その後の東証の判断に影響を与えているのでは」という声もある。

東証は「特設注意市場銘柄」という制度を07年11月に導入している。不祥事企業に改善計画を提出させ、改心と自浄の猶予を企業に与えるとともに、東証が内部統制の改善度合いを判断して、上場維持か廃止かを決める制度だ。

しかし「改善が見込めない」と断定するのは現実には難しい。実際に、オリンパスや東芝といった不祥事企業を退場させられなかった。「東芝はこちらの指摘にそつなく対応し、特注銘柄に指定した後に上場廃止にはできなかった。2部から1部への指定替えのときも同様だ」（東証関係者）。

不祥事企業の退出が減る一方で、市場の規律は緩んだ。市場区分を変更したところで上場廃止ルールを厳格に運用しないのであれば、上場企業の質を上げるのは今後も難しそうだ。

（山田雄一郎）

見放される東証

「当社では新規資金の８割方がアメリカの投資信託にいっている」――。

楽天証券の楠雄治社長は、２月に開いた決算記者会見でそう指摘した。業界全体でも、外国株投信への資金流入が拡大する一方で、日本株投信は資金の流入が少ない状態が続いている。

個別株取引でも、米国株売買の存在感は増している。楽天証券では２０２１年の約定件数が、１９年と比較して２３倍に増えた。マネックス証券でも米国株の手数料が同社の株式売買委託手数料収益の２割超を占めるまで拡大している。

米国株はアップルやネットフリックスなど、日本の消費者にとっても身近な銘柄に少額から投資できる。そのため、２０代や３０代の投資初心者層からの支持を集めているという。

一方で、日本株の売買は盛り上がりに欠ける。21年の個人による売買総額は353兆円。日経平均株価はおよそ30年ぶりの高値圏だったものの、13年の370兆円には届かなかった。

米国株投信のファンドマネジャーを務める奥野一成氏は「日本のマーケットは期待値がゼロの〝賭場〟のようになってしまっている。米国のような右肩上がりの市場に投資するのが、投資家としては当たり前の行動だ」と分析する。

7月には米国株の信用取引が国内で解禁される。個人投資家による売買の約6割を占めてきたデイトレーダーの取引が、もし米国株に流れることになれば、東証の存在感はますます薄れることになる。

PTSの追い上げが加速

PTS(私設取引システム)との競争も大きな課題だ。SBIホールディングスの北尾吉孝社長は20年10月、新たなPTS構想をぶち上げた。すでにグループでジャパンネクストPTSを抱えているが、大阪を拠点に新たなPTSを立ち上げるという。

その名も「大阪デジタルエクスチェンジ（ODX）」。ODXでは将来的にはブロックチェーン技術を応用したデジタル証券の流通機能も備える予定で、すでに三井住友フィナンシャルグループ、野村ホールディングス、大和証券グループ本社から出資を取り付けた。

株式や債券の売買がデジタル証券の仕組みで行われるようになると、日本取引所グループが傘下の企業や団体で実施している清算や振り替えが代替されることになる。市場運営者としての収益源が失われることになれば、取引所としては大きな痛手だ。

PTSは、信用取引が解禁された2019年の後半以降に売買シェアが拡大しており、22年1月にはPTS2社の合計売買代金が日本株売買全体の1割を超えた。

PTSにはさらなる追い風もある。最良執行義務の強化だ。

売買代金に占めるPTSのシェアが1割を突破

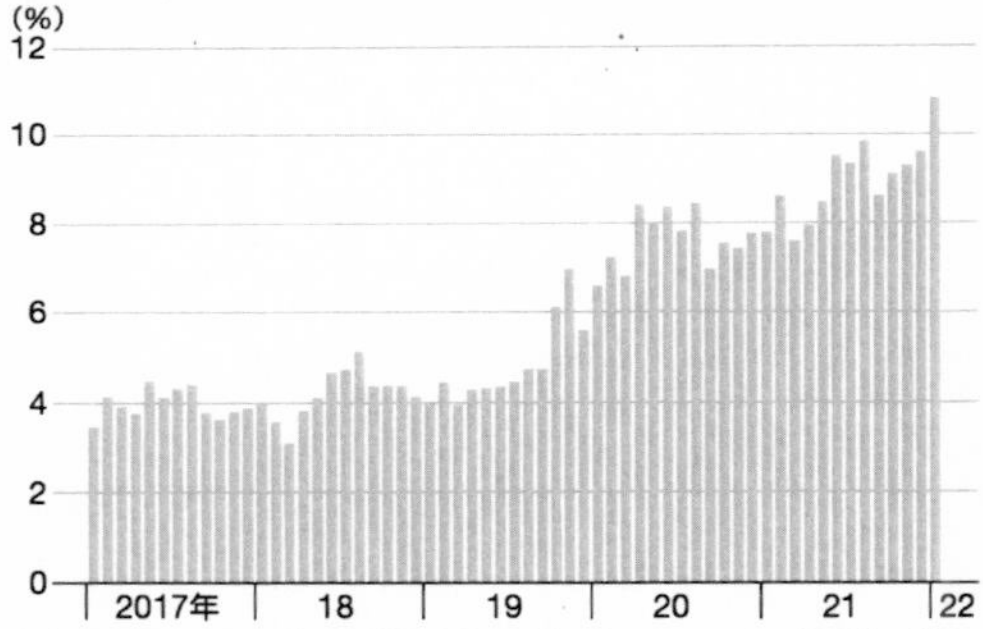

（注）取引所取引および取引所外取引の合計に占めるPTSでの売買等の割合。月次売買代金ベース
（出所）PTS Information Networkの公表データを基に東洋経済作成

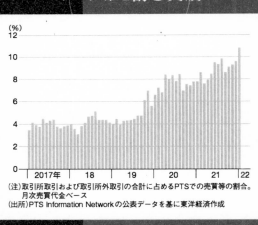

従来、証券会社は顧客の注文を取引所やＰＴＳに取り次ぐ際に、価格以外の条件で取次先を決めることができた。売買が成立する可能性がいちばん高い市場として、東証だけを取次先にすることも認められていた経緯がある。

実際にある大手のネット証券では、顧客が指定しない場合に「流動性が最も高い市場」として、事実上東証を指定している。

だが、今後は個人の売買について「より価格を重視したものとする」ことが求められる。例えば買いの注文ならば、東証やＰＴＳの中で最も安い価格を提示している市場で売買を成立させる義務が生じる。そのため、ＰＴＳの売買が今後増える可能性があるわけだ。

売買シェアに対する規制緩和も、ＰＴＳの拡大を後押ししそうだ。

現状ではＰＴＳ１社につき売買代金の１０％までしか取り扱うことができない。また、成り行き注文（価格を指定せず買いや売りの注文を出すこと）についても、ＰＴＳでは事実上不可能だ。

そうした規制の緩和について、金融庁は近く具体的な議論に入る方針だ。

海外市場との競争環境も激しさを増している。世界的な取引所グループである米Ｃｂｏｅグローバル・マーケッツは２１年６月、日本でＰＴＳとオーストラリアで取引所を手がけるチャイエックスを買収した。「先進国の中で代替市場が発達していないのは日本だけ。Ｃｂｏｅにとっては伸びしろがある」（色川徹・Ｃｂｏｅジャパン社長）と、日本進出の理由を説明する。

取引データの管理・分析といった分野では、プラットフォーマーとの提携が加速している。世界最大の先物取引所を展開する米ＣＭＥグループがグーグルと提携、米ナスダックもアマゾンと提携した。

東証は災害対策のためのデータセンターを関西に構築するための準備をようやく開始したという段階で、システムのクラウド化やビッグデータ解析を進める海外取引所に大きく水をあけられている。

起死回生を狙った市場改革が骨抜きになった今、東証はさらに制度や運営の見直しを加速していかなければ、国内外の投資家から見放される日は近い。

（梅垣勇人）

【週刊東洋経済】

本書は、東洋経済新報社『週刊東洋経済』2022年4月9日号より抜粋、加筆修正のうえ制作しています。この記事が完全収録された底本をはじめ、雑誌バックナンバーは小社ホームページからもお求めいただけます。

小社では、『週刊東洋経済eビジネス新書』シリーズをはじめ、このほかにも多数の電子書籍ラインナップをそろえております。ぜひストアにて「東洋経済」で検索してみてください。

『週刊東洋経済eビジネス新書』シリーズ

No.389 2050年の中国〔前編〕
No.390 2050年の中国〔後編〕
No.391 相続の新常識
No.392 無敵の文章術
No.393 物流 頂上決戦

No.394　すごいベンチャー2021〔前編〕
No.395　すごいベンチャー2021〔後編〕
No.396　米国株　超入門
No.397　ビジネスと人権
No.398　無敵の話し方
No.399　EV　産業革命
No.400　実家のしまい方
No.401　みずほ　解けない呪縛
No.402　私大トップ校　次の戦略
No.403　ニッポン再生　7つの論点
No.404　マンション管理
No.405　学び直しの「近現代史」
No.406　電池　世界争奪戦
No.407　定年格差　シニアの働き方

No.408　今を語る16の視点　2022
No.409　狙われる富裕層
No.410　ライフシフト超入門
No.411　企業価値の新常識
No.412　暗号資産&NFT
No.413　ゼネコン激動期
No.414　病院サバイバル
No.415　生保　最新事情
No.416　M&Aマフィア
No.417　工場が消える
No.418　経済超入門　2022

週刊東洋経済eビジネス新書　No.419
東証　沈没

【本誌（底本）】
編集局　中村正毅、山田雄一郎、梅垣勇人、藤原宏成、福田　淳
デザイン　小林由依、池田　梢
進行管理　下村　恵
発行日　2022年4月9日

【電子版】
編集制作　塚田由紀夫、長谷川　隆
デザイン　市川和代
表紙写真　梅谷秀司
制作協力　丸井工文社

発行日　2023年3月16日　Ver.1

発行所　〒103-8345
東京都中央区日本橋本石町1-2-1
東洋経済新報社
電話　東洋経済カスタマーセンター
03（6386）1040
https://toyokeizai.net/

発行人　田北浩章

電子書籍化に際しては、仕様上の都合などにより適宜編集を加えています。登場人物に関する情報、価格、為替レートなどは、特に記載のない限り底本編集当時のものです。一部の漢字を簡易慣用字体やかなで表記している場合があります。本書は縦書きでレイアウトしています。ご覧になる機種により表示に差が生じることがあります。

※本刊行物は、電子書籍版に基づいてプリントオンデマンド版として作成されたものです。